Erste Seite:
Die Klagemauer ist das größte jüdische Heiligtum. Der Name entstand nach der Zerstörung des Zweiten Tempels, aber die Gläubigen, die hier beten, klagen Gott nicht nur ihr Leid, sondern sie sagen ihm auch Dank und tragen ihm ihre Bitten vor.

Oben:
Den Beduinen auf seinem Kamel und das St. Georgs-Kloster trennt der Schwindel erregende Wadi Qelt. Die Glaubensburg stammt aus dem 5. Jahrhundert und wird von griechisch-orthodoxen Mönchen bewohnt.

ISRAEL

Mit Bildern von Dinu Mendrea, Sandu Mendrea und Radu Mendrea
Texte von Ernst-Otto Luthardt

INHALT ISRAEL

Seite 8/9:
Ein seltener Anblick: Jerusalems Altstadt mit dem dominanten Felsendom liegt unter einer Schneedecke.

Seite 12/13:
Im süd-östlichen Teil des alten Jerusalem ist das jüdische Viertel gelegen. Nach der Rückeroberung von den Jordaniern im Sechstagekrieg wurden die historischen Bauten einfühlsam restauriert und wieder errichtet. Das Bild zeigt eine Kunstgalerie, deren Mitarbeiter mit Bibelstudien befasst sind.

Seite 14/15:
Blick von Jaffa nach Tel Aviv. Die heutige Millionenstadt wurde 1909 von jüdischen Siedlern gegründet, „Hügel des Frühlings" (hebräisch Tel Aviv) benannt und war als Gartenstadt konzipiert.

Shalom, Israel!

„Ist Argentinien oder Palästina vorzuziehen“ – fragte sich Theodor Herzl nach der Verabschiedung des politischen Programmes durch den 1. Zionistenkongress 1897 in der Schweiz, zu dem er die literarische Vision geliefert und das die Errichtung eines jüdischen Staates zum Ziel hatte. Bei der nachfolgenden Debatte, wo dieser denn sein sollte, spielten neben Argentinien auch der Kongo, Uganda oder Zypern eine gewisse Rolle. Herzl entschied sich schon frühzeitig und argumentierte: „Palästina ist unsere unvergessliche historische Heimat. Dieser Name allein wäre ein gewaltig ergreifender Sammelruf für unser Volk.“ 1903 votierten die Briten ebenfalls für Palästina. Aber auch schon lange vor Herzls

Jerusalem vom Westen aus gesehen. Links im Bild das Jaffa-Tor, durch das einst die Hauptverbindungsstraße für die Pilger- und Warenströme vom und zum Mittelmeer führte.

Staatsideen waren nicht wenige jüdische Menschen vor den Verfolgungen in Europa hierher geflohen.

Rückkehr ins „Altneuland"

Herzl hatte sich nicht getäuscht: Der Name Palästina zog, die Bevölkerung wuchs. Nachdem ab 1950 ein Gesetz allen Juden das Recht zur Einwanderung garantierte, kamen sie von allen Kontinenten und aus inzwischen 140 Ländern. Derzeit lebt in Israel ein Drittel der jüdischen Weltbevölkerung. Allein von 1960 (2 150 000) bis heute hat sich die Einwohnerzahl fast verdreifacht. Die orientalischen Juden – Shephardim genannt – stellten nicht nur die erste und auch zahlenmäßig größte Gruppe, sondern bis zu Beginn des 20. Jahrhunderts auch die einflussreichste. Danach bestimmten die Ashkenazim – womit zunächst nur deutsche, später auch alle europäischen, amerikanischen, australischen und neuseeländischen Juden gemeint waren – die moderne Entwicklung des Landes. Spannungen zwischen diesen beiden großen Bevölkerungsteilen konnten nicht ausbleiben. So hat die Arbeitspartei traditionell unter den Ashkenazim ihre Anhänger, während der konservative Likud-Block dank des stärkeren Bevölkerungszuwachses der Shephardim an die Macht kam.

Die barocken Zwiebeltürme der Maria Magdalenen-Kirche grüßen die Kuppel des Felsendoms. Das russisch-orthodoxe Gotteshaus stammt aus dem Jahr 1885; Zar Alexander III. widmete es seiner Mutter.

Ganz Israel war aus dem Häuschen gewesen über die beiden Operationen „Moses" (1984) und „Salomon" (1991), mit denen die Luftwaffe etwa 26 000 schwarze Glaubensbrüder aus Äthiopien herausgeholt hatte. Doch das Miteinander wurde nicht leicht. Unterschiedliche Lebensweisen und Riten stießen immer wieder auf Unverständnis und führten zu Konflikten.

Das auserwählte Volk

Abraham, der erste der drei jüdischen Urväter (zweiter ist sein Sohn Isaak und dritter dessen Sohn Jakob), wurde in Ur in Chaldäa geboren. Er wanderte zunächst nach Unruhen während des Zerfalls des babylonischen Reichs nach Haran in Syrien. Dies geschah um 1700 v. Chr. Dort bekam Abraham von Gott den Auftrag, ins Land Kanaan zu ziehen, wo er sich denn auch niederließ. Immer wiederkehrende Hungersnöte zwangen die Menschen schließlich, im reichen und fruchtbaren Ägypten Zuflucht zu suchen. Die Israeliten waren dort wohlgelitten und ihre Fähigkeiten geschätzt. Über die Jahrhunderte jedoch änderte sich ihr Status im Land am Nil und sie waren der Verfolgung ausgesetzt. Es war wohl um 1300 v. Chr., als Moses sein Volk aus dem Pharaonenreich führte – eine Flucht, die 40 Jahre währen sollte. Sie ging zunächst durch das sich teilende Rote Meer, dann durch den Sinai – wo Moses die 10 Gebote Gottes entgegennahm – und den Negev. Moses selbst erblickte das Gelobte Land nur vom Berg Nebo aus und starb, als Josua mit den Israeliten den Jordan überschritt. Nach der Ankunft folgte eine Zeit der Auseinandersetzungen und Kriege. Erst David gelang es, das Reich zu festigen und alle Stämme zu vereinen. Er ist eine der eindrucksvollsten Gestalten im Alten Testament, gemessen nicht nur an seinen militärischen Leistungen, sondern auch an seinen künstlerischen – er spielte Harfe und andere Instrumente und sein „Hohelied der Liebe" ist bis heute das poetische Maß aller Leidenschaft geblieben. Die Thronfolge Davids übernahm sein Sohn Salomon (968 – 928 v. Chr.), dessen Reichtum und Weisheit sprichwörtlich wurden. Er setzte einen bereits von seinem Vater gefassten Plan in die Tat um und errichtete den Ersten Tempel. Nach dem Tod Salomons kam es zum Streit um die Nachfolge, das Reich wurde geteilt und dadurch geschwächt. Es kamen assyrische Eroberer und Babylonier. Nebukadnezar II. zerstörte 587 v. Chr. den Ersten Tempel und führte die Juden in die Gefangenschaft. Erst Kyros, der Perserkönig, ermöglichte deren Rückkehr und berief anstelle der Könige Hohepriester an die Spitze seines jüdischen Vasallenstaates. In Jerusalem wurde der Zweite Tempel errichtet. In dieser Zeit setzte sich auch, in Anlehnung an das Königreich Juda, für alle Hebräer der Name „Jude" durch.

Herrscher kamen und gingen. Zuerst die Griechen, später, 63 v. Chr., die Römer. Jesus wurde geboren. Dem Sohn Gottes und einer jüdischen

Mutter verblieben nur 33 Jahre, um eine neue Religion zu begründen. In Galiläa vor allem brachte er seine Saat aus. Wiederum 33 Jahre nach seinem Tod begannen die Juden eine Revolte gegen die Römer (erster Jüdischer Krieg), die blutig niedergeschlagen wurde. Einen jüdischen Staat gab es nun nicht mehr.

In den Jahren 132 bis 135 probte Bar Kochba noch einmal den Aufstand, den zweiten Jüdischen Krieg. Nach den anfänglichen Erfolgen der Rebellen setzte Kaiser Hadrian Julius Severus als Feldherrn ein, der Judäa endgültig für Rom zurückeroberte. Die Gefangenen verkaufte man als Sklaven und

Links:
Blick in die katholische Katharinenkirche zu Betlehem. An Weihnachten bringt der lateinische Patriarch eine hölzerne Figur des kleinen Jesu von hier aus in die Krippengrotte der Geburtskirche, wo sie bis Dreikönige bleibt.

Oben:
„Basilika der Todesangst" ist eine andere Benennung für das herrliche Gotteshaus, das zwischen 1919 und 1925 durch die Spenden vieler Länder am Fuße des Ölberges erbaut werden konnte und unter dem Namen „Kirche der Nationen" bekannt ist.

Links:
Gegen Mittag des Ostersamstags geht der griechisch-orthodoxe Patriarch von Jerusalem in die versiegelte Grabeskapelle. Er hält zwei Kerzenbündel mit je 33 Kerzen. Auf Anrufen des „Kyrie eleison" entzündet sich dort eine Öllampe. Das Feuer der durch den Patriarchen angezündeten Kerzen wird durch ein Loch in der Grabeskapelle an die draußen Wartenden weitergegeben (siehe Bild).

das Betreten Jerusalems war Juden nicht mehr erlaubt. Die Menschen wurden in aller Herren Länder verstreut. Das Gelobte Land war für fast zwei Jahrtausende in weite Ferne gerückt.

Die Legende von den Kreuzrittern – eine notwendige Korrektur

Dem Aufruf von Pabst Urban II. im Jahr 1095 zur Befreiung des Heiligen Landes folgend, trafen nach mehreren gescheiterten Versuchen die Kreuzritter 1098 in Antiochia ein und eroberten ein Jahr später auch Jerusalem. Gottfried von Bouillon wurde König des nach der heiligen Stadt benannten Reichs.

Auf der Suche nach der Hinterlassenschaft der Kreuzritter wird man nicht nur in Jerusalem, sondern vor allem im heutigen Akko fündig, das 1104, also fünf Jahre nach der Eroberung des Heiligen Grabes, an die christlichen Gottesstreiter geriet. Sie bauten die Stadt, über die sie ihren Nachschub aus Genua und Venedig erhielten, zur Festung aus. Zwischenzeitlich für rund vier Jahre wieder unter osmanischer Herrschaft, konnte sie Richard Löwenherz während des 3. Kreuzzuges zurückerobern. Am 12. Juli 1191 drangen seine Truppen in (damals) Akkon ein. Nachdem sich Sultan Saladin bereit erklärt hatte, die Besatzung freizukaufen, verzögerte sich das Eintreffen des Geldes. Aus Wut darüber und um seiner Forderung mehr Nachdruck zu verleihen, ließ der

Das griechisch-orthodoxe Katholikon in der Grabeskirche. Die Kapelle mit dem eigentlichen Grab Jesu liegt gegenüber und wird von sechs christlichen Religionsgemeinschaften gemeinschaftlich verwaltet.

löwenherzige Brite dreitausend Gefangene, samt deren Frauen und Kinder, vor der Stadt schlachten. Es wird berichtet, dass die Mörder mit großer Inbrunst und Freude zu Werke gegangen seien. Hatte doch kein geringerer als der große Bernhard von Clairvaux unmissverständlich klargestellt: Ein christlicher Ritter „nützt sich selbst, wenn er getötet wird, und er nützt Christus, denn er tötet Heiden. Der Tod der Heiden aber dient dem Ruhm Christi." Da Jerusalem ausgefallen war, wurde Akko zur neuen Hauptstadt des Kreuzritterstaates und Saint Jean d'Acre genannt. Doch heiliger wurde sie dadurch auch nicht. „Ze Akers sint ungetriuwe kint" (Zu Akko sind ungetreue Leute), klagte Freidank, der mittelalterliche Spruchdichter, aus eigenem Erleben. Und Jakob von Vitry, Bischof von Akko, wurde noch deutlicher in seinem Urteil über die Kreuzfahrer: „Die Engländer gelten als Säufer und Hurenböcke, die Lateiner in Syrien als blasiert, verzärtelt und weibisch, die Deutschen als Wüteriche und Unflate bei ihren Zechgelagen, die Normannen als öde Prahler, die Aquitanier als Verräter und käufliche Materialisten, die Burgunder als stumpfsinnig und beschränkt."

Natürlich gab es nicht nur Räuber und Saufbolde unter den Heerscharen. So gründeten (1190) einige Lübecker und Bremer Kaufleute in Akko ein Spital und pflegten dort Kranke und Verwundete. Aus dieser Bruderschaft ging dann einige Jahre später der Deutsche Orden hervor. 1220 erwarb dessen Hochmeister Hermann von Salza die Burg Montfort in den galiläischen Bergen, die größte Kreuzfahrerfestung Palästinas. Heute längst Ruine, bietet sie dem Besucher, der die letzte Wegstrecke zu Fuß bewältigen muss, ein faszinierendes Bild einstiger ritterlicher Pracht. Noch beeindruckender freilich erweist sich der Gang durch die weiträumige unterirdische Kreuzfahrerstadt in Akko, wo sich der Kapitelsaal sowie der Speise- und Zeremoniensaal der Johanniter, die hier ihr Hauptquartier hatten, erhalten haben.

Die Schriftrolle von Qumran

Die Gegend ist unwirtlich, so weit der Blick reicht, eine Wüste aus Stein. Das Tote Meer ist zwar nicht weit entfernt, aber sein Wasser war ohne Wert für die strenggläubige jüdische Gemeinschaft, die sich ab dem 2. Jahrhundert vor unserer Zeit in die Einöde von Qumran zurückgezogen hatte, um schon damals nach jener Heilslehre zu leben, die dann später durch Jesus so populär werden sollte. Die Essener, so der Name der Gruppe, kannten nur gemeinschaftliches Eigentum. Ihnen widerstrebte die Heuchelei der Welt: Aufrichtigkeit vor allem war für sie die Voraussetzung für die Begegnung mit Gott. Ihre Siedlung, schon lange als Ruinenstätte bekannt, hielt man zunächst für eine römische Hinterlassenschaft. Das änderte sich, nachdem 1947 ein Beduinenjunge auf der Suche nach einem verlorenen Schaf zu einer Höhle hoch in den Felsen vordrang, wo er etliche Tonkrüge mit in Leinen gehüllten Pergamentrollen vorfand.

Nach mehreren Stationen gelangten die Handschriften 1948 in die Hände von Wissenschaftlern, die den Fund untersuchten. Es war eine Sensation, handelte es sich doch um biblische Texte, aus dem ersten Jahrhundert v. Chr. und somit 1000 Jahre älter als alle bislang bekannten. Die Schriftrollen werden heute im Schrein des Buches in Jerusalem aufbewahrt. Nun begann man, sich auch die vermeintliche Römersiedlung genauer anzuschauen und stieß so auf das Klosterdorf der Essener – mit gemeinschaftlichen Wohnräumen, Küche, Refektorium, Handwerkerhäusern, Speichern und einem großen Schreibsaal.

Was zählt, ist Gottes Wort – das Leben orthodoxer Juden

„Wir sind eine kleine Familie: Ich und er, die Schwiegermutter, der Schwiegervater, Gezel und Feivel, Breine und Treine, Baruch und Schlojme – zum Beispiel". Vor 150 Jahren etwa wurde dieser Spruch im alten k. u. k. Galizien aufgezeichnet. Doch seit dem Untergang der „Stetl", der Wohnviertel der Juden, ist es auch mit dem in der Tat sprichwörtlichen jüdischen Kindersegen und

Oben links:
In Hamat Tiberias stieß man 1921 auf eine Synagoge aus dem 4. Jahrhundert, deren Bodenmosaike „heidnische" Tierkreiszeichen und jüdische Symbolik (u.a. Bundeslade) verbinden.

Oben:
In der syrisch-orthodoxen Kapelle der Grabeskirche befindet sich auch die letzte Ruhestätte Josefs von Arimatäa, der einst Jesu Leib in Tücher gewickelt und in das für ihn selbst bestimmte Grab gebettet haben soll.

Links:
Eine alte Ölpresse, die in der Siedlung Tel Maresha gefunden wurde. Oliven gehören zu den biblischen Kulturpflanzen des Heiligen Landes. Die ältesten Bäume stehen im Garten Gethsemane (hebräisch für Ölpresse) am Ölberg.

Oben:
Das Jordantal nahe Yafit; im Hintergrund das Judäische Bergland. Der Kontrast zwischen den vegetationslosen Höhen und dem bunten Garten drunten am Fluss könnte nicht größer sein.

Rechts:
Das Hermon-Massiv ist die Wiege des Jordans, den die drei Quellflüsse Snir, Dan und Banyas speisen. Doch auch nach deren Zusammengehen bleibt der legendäre Wasserlauf eher ein Flüsschen.

meist auch mit dem traditionellen Leben vorbei. Wären da nicht etwa 1000 orthodoxe Familien, die sich nördlich der Jerusalemer Altstadt in ein Viertel zurückgezogen haben, das vor rund 130 Jahren unter dem Namen Mea She'arim gegründet wurde. Wer hierher, nur ein kurzes Stück Weg vom Damaskus-Tor entfernt, kommt, wähnt sich ganz plötzlich in einer anderen Welt, in einer wie sie wohl vor der Verfolgung im letzten Jahrhundert ausgesehen haben mag. Die Häuser, dicht aneinander gebaut und verschachtelt, scheinen in ihrem Einheitsgrau fast zu verschwinden. Kein Ort für Bäume, keiner für Blumen. Die kleinen Läden sind eng und dunkel zum Fürchten, meinen jedenfalls die Eindringlinge, die, seit sie ihren Fuß in dieses Viertel gesetzt haben, stets heimlich beäugt, bei der direkten Begegnung auf der Straße aber bewusst übersehen werden – von den Männern in schwarz (außer dem Hemd) mit Vollbärten und Schläfenlocken und noch mehr von den Frauen, die sich hinter Tüchern und langen Kleidern verstecken, auf dass sie sich im wahrsten Sinne keine Blöße geben. So will es, sagen sie, Gott, und dessen Wille ist ihnen heilig. Gott will auch, dass die Juden nach den Gesetzen leben, die er ihnen

vor 3000 Jahren gegeben hat. So sind allein Talmud und Thora Richtschnur für sie, nicht aber die Gesetze der Knesseth, die Anordnungen der Regierung, die Autorität des Staates. So klein hier die Wohnungen, so eng die Straßen, so zahlreich und groß sind die Thora-Schulen und Gebetshäuser. Felsenfest überzeugt von der Gottgefälligkeit ihres Verhaltens schätzen diese Orthodoxen das anderer, die im Gegensatz zu ihnen einer Arbeit nachgehen, ihren Wehrdienst ableisten oder Steuern zahlen, gering. Glauben, dass ihre Gebete mindestens ebenso viel zur Existenz und Sicherheit Israels beitragen wie zum Beispiel die Armee.

Nicht alle Israelis glauben an Jahwe

Seit Jesu Zeiten gelten sie als Inbegriff tätiger Nächstenliebe: Samariter sein heißt seither, seinen Mitmenschen zu helfen. Doch offensichtlich war diese Haltung schon damals eher verdächtig. Wie sonst ist zu erklären, dass sowohl die Juden – von denen sich die Samaritaner vor langer Zeit abgespalten haben – als auch andere Völker darin einig waren, diese zu verfolgen? Die rund 400 Überlebenden sind fast alle in Nablus auf der Westbank beheimatet, wo sie alljährlich auf ihrem heiligen Berg Gerizim nach alter mosaischer Tradition das Pessachfest feiern.

Gespalten, was ihre Loyalität zu Israel betrifft, sind die Drusen. Während diejenigen, die in Galiläa leben, in der Gesellschaft – einschließlich Armee – integriert sind, fühlen sich ihre Brüder und Schwestern auf den Golanhöhen eher Syrien verpflichtet. Interessant sind die beiden reichen Drusendörfer Daliyat el Karmel und Isfiya im Karmelgebirge, wo man bei Einheimischen einkehren und neben Unterkunft und Verpflegung auch etwas über deren geheimnisvolle Religion erfahren kann. So, dass sie sich zwar im 11. Jahrhundert vom Islam abgewandt und eine eigene Glaubensgemeinschaft gegründet haben, aber nach wie vor an der arabischen Kleidung und Sprache festhalten. An „richtigen" Arabern hat Israel rund 900 000 Mitbürger. Von denen ist jeder vierte Muslime, die anderen sind Christen.

Oben:
Blick auf den Strand von Gaza-Stadt, der – im Gegensatz zu der aus allen Nähten platzenden, chaotischen Kommune selbst – die Idylle vergangener Zeiten bewahren konnte.

Links:
Rosh Haniqra ist landschaftlich besonders malerisch gelegen: Israels nordöstlichster Ort an der Mittelmeerküste lockt sowohl mit hohen Kreideklippen als auch mit geheimnisvollen Grotten.

Blieben noch die Anhänger des Bahaismus, einer religiösen Gemeinschaft, deren Stifter Baha Ulla sich als Prophet in der Nachfolge von Moses, Zarathustra, Buddha, Jesus und Mohammed sah. In Israel gibt es zwar nur einige Bahaisten, dafür aber – mit Akko und Haifa – die wichtigsten geistigen Zentren dieser Bewegung.

Im Sacher-Park zu Jerusalem treffen sich alljährlich die meist aus Marokko stammenden Juden zum Mimuna-Fest. Dieses wird am ersten Tag nach Ostern (Pessach) gefeiert, an dem man das Fasten bricht und wieder gesäuertes Brot essen darf. Heute ist es oft ein großes Grillfest und mancherorts mit Jahrmärkten verbunden.

Das Land, wo Milch und Honig fließen?

Trotz dieser für Israel so typischen allgegenwärtigen Verquickung von Religion und Gesellschaft wollten sich die Staatsgründer nicht auf jenes wundersame Manna verlassen, das Moses und den Seinen einst von Gott zugewiesen worden war, damit sie 40 Jahre lang in lebensfeindlicher Umgebung überleben konnten.

„Lasst die Wüste blühen", lautete denn auch das aktivistische Motto der Pionierzeit, dessen Ergebnisse in der Tat einem – von Menschen gemachten – Wunder gleichen. So konnte die israelische Landwirtschaft schon bald über die Versorgung der eigenen Bevölkerung hinaus auch exportieren. Das tut sie bis heute und steht dabei noch immer vor allen anderen Industriezweigen. Doch ihre einst den Erfolg garantierenden Strukturen wie die gemeinschaftlichen Kibbuzim oder die Moshavim (halbprivate landwirtschaftliche Kooperationen) sowie die großen industriellen Konglomerate, die seit der Gründerzeit von der Arbeitspartei und den mit ihr verflochtenen Gewerkschaften beherrscht werden, erwiesen sich mit der Zeit eher als Fessel, denn als Motor. 1984 stieg die Inflationsrate auf 444 %; das Land stand vor einem wirtschaftlichen Kollaps. Seither geht man neue Wege und baut verstärkt auf das Know-how als das größte wirtschaftliche Potenzial des Landes. Auch ging man daran, die Dominanz der Rüstungsindustrie zugunsten einer deutlichen Stärkung des zivilen Sektors aufzubrechen. Dabei erweisen sich die Wasserressourcen zunehmend als Problem, besonders was die Teilung zwischen den Israeli und den Arabern betrifft.

Links:
Zu den Vorbereitungen auf das Pessach-Fest (hier in Mea She'arim) gehört auch das rituelle Säubern der Gefäße und Tische. Die einwöchige Feier erinnert an den Auszug der Israeliten aus Ägypten. Als Erinnerung an die Zeit in der Sklaverei wird ungesäuertes Brot gegessen.

Links:
Mea She'arim ist das Viertel der ultra-orthodoxen Juden. Hier kommt auf ein Dutzend Männer eine Synagoge. Die Aufnahme zeigt Kinder während des Purim-Festes, das an die Errettung durch Ester im persischen Reich erinnert. Es ist ein Kostüm- und Freudenfest, das an Karneval erinnert.

Ganz links:
Eine jüdische Heirat. Das junge Paar steht unter dem typischen Hochzeitsbaldachin (Khupa).

Ferienland Israel

Seit langem zählt eine Fahrt in das Heilige Land zu den klassischen Reisezielen. Daran hat sich bis heute nichts geändert – im Gegenteil. Kann man doch seit dem Friedensschluss mit dem haschemitischen Königreich auch jenseits des Jordans auf Spurensuche gehen.

Darüber hinaus präsentiert sich das verhältnismäßig kleine, in seinem Territorium mit Hessen vergleichbare Israel nicht nur als traditionelles Ziel von Pilger- und Bildungsreisenden, sondern auch als vielfach interessantes Ferienland, das nahezu allen Bedürfnissen moderner Freizeitgestaltung gerecht wird.

Die schönsten Strände nebst allen dazugehörigen Einrichtungen finden sich am Mittelmeer. Der größte Badeort des Landes heißt Netanya, der gemütlichste, einst von Einwanderern aus Deutschland gegründete, Nahariya. Weder schön noch gemütlich ist Elat am Roten Meer. Dafür aber sind die maritime Flora und Fauna nahezu einmalig – wobei nicht nur Tauchsportler auf ihre Kosten kommen. Ziemlich neu und exklusiv präsentieren sich die Hotels und Badelandschaften am Toten Meer mit Ein Boqeq als Zentrum. Eine Besonderheit dort ist noch immer die Nahal-David-Quelle, von der paradiesischen Oase und dem gleichnamigen berühmten Kibbuz Ein Gedi aus in einem knapp einstündigen Fußmarsch zu erreichen. Doch das Bad unter einem Wasserfall mit Mineralwasser lässt die Mühen des Aufstiegs schnell vergessen.

Seite 26/27:
Der Machane Jehuda-Markt ist im modernen Teil Jerusalems gelegen, er gruppiert sich rund um den Zion Square. Obwohl das bunte Treiben vor allem donnerstags, freitags und vor Festtagen sehr orientalisch anmutet, ist es ein jüdischer Markt.

צריך

„Und nächstes Jahr in Jerusalem …“

800 Meter hoch liegt die für Juden, Christen und Moslems gleichermaßen heilige Stadt in den Judäischen Bergen. Sowohl Jesus als auch Mohammed (Letzterer nur für einen Ausflug) fuhren von hier aus in den Himmel. Mag sein, dass der Weg dorthin von Jerusalem aus etwas kürzer ist als anderswo, doch die Stadt selbst hat bis heute daraus keinen Profit gezogen. Im Gegenteil: Auch wenn sie ihn in ihrem (hebräischen) Namen trägt, ist sie vom himmlischen Frieden weit entfernt.

Das war schon so zu König Davids Zeiten, der einst durch eine unterirdische Wasserleitung seine Spezialtruppe in die Stadt der Jebusiter schickte, die von innen die Tore öffnete, auf dass die Eroberung

Seite 28/29:
Das Damaskustor ist das größte und eindrucksvollste Tor der Altstadt und bildet zugleich die Grenze zwischen christlichem und muslimischem Viertel. Über dem Eingang weist eine arabische Inschrift auf Süleyman den Prächtigen hin. Zur Zeit der Römer war hier das Haupttor der Stadt und der Anfang einer säulengeschmückten Prachtstraße.

Auf dem Tempelberg mit Blick auf den Felsendom. Der gewaltige Bau, dessen vergoldete Kuppel sich über Jerusalem erhebt, geht auf die im 7. Jahrhundert regierenden Kalifen Omar und Abdul Malik Ibn Marwin zurück. Das Heiligtum steht allen Gläubigen offen und birgt im Innern den heiligen Fels mit einem Fußabdruck von Mohammed, als er hier sein Pferd el-Buraq bestieg, um seine Himmelsreise anzutreten.

beginnen konnte. In diesem unendlichen, in seiner Abfolge von Leid, Tränen und Tod bis in die Gegenwart spielenden Stück gab es auch immer wieder Überraschungen. So zum Beispiel im Jahr 1187 bei der Einnahme Jerusalems durch Sultan Saladin, der die christlichen Bewohner teilweise sogar beschenkte und sicher aus der Stadt bringen ließ. Überfallen und ausgeraubt wurden sie dann doch noch – von den eigenen Glaubensgenossen.

Dazu passt auch jene Episode, die von der Grabeskirche Jesu handelt, besser: von ihren selbsternannten Hütern. Die gerieten sich schon im Mittelalter in die Haare und stahlen sich sogar nachts gegenseitig die Reliquien. Um dem ein Ende zu bereiten, wurden zwei muslimische Familien mit der Schlüsselgewalt betraut, deren Nachfahren bis heute zur allgemeinen Zufriedenheit den Job erledigen. Die Grabeskirche ist das christliche Pendant zu den heiligen Stätten der Juden und Muslime am und auf dem Tempelberg. 331 von der Kaiserinmutter Helena auf den Fundamenten eines römischen Tempels erbaut, ging sie 300 Jahre danach in Flammen auf und der Nachfolgebau wurde dann im 11. Jahrhundert erneut zerstört. Die heutige Kirche stammt aus der Zeit der Kreuzritter, wurde allerdings im Laufe der Jahrhunderte massiv verändert.

Die Zitadelle ist in die Stadtmauern mit einbezogen. Während drei Türme aus der Zeit des Herodes stammen, wurde das Minarett, auch „Davidsturm" genannt, erst 1635 von den Türken errichtet.

Der Drang aller christlichen Religionsgemeinschaften, möglichst nahe am Grab Christi zu sein, führte dazu, dass man das Gotteshaus gewissermaßen parzellierte. So gibt es inzwischen, verteilt auf zwei Etagen, über zweieinhalb Dutzend Kirchen in einer. Und die Kapelle mit dem Grab des Messias ist gemeinsamer Besitz der armenischen, koptischen, syrischen, äthiopischen, römisch-katholischen und griechisch-orthodoxen Kirchen.

Folgt man der Via dolorosa, dem Leidensweg Christi, in umgekehrter Richtung hin zur Stätte seiner Verurteilung, so gelangt man durch das christliche und arabische Viertel zu jener Stelle nördlich des Tempelberges, wo sich die Burg Antonia befunden haben soll, in der Jesus von Pilatus zum Kreuzestod verurteilt wurde. Auf der anderen Seite, jenseits des Qidron-Flusses, liegt der Ölberg – Ort des Verrats und der Himmelfahrt Christi. Uralte Olivenbäume und neue Weinstöcke schenken den trockenen Steilhängen ein wenig Grün; das Gold und die anderen Farben liefern die Dächer und Giebel der Gotteshäuser: Stephanskirche, Kirche der Nationen, Maria Magdalenen-Kirche, Dominus-Flevi-Kapelle und Pater-Noster-Kirche. Höchster Punkt des Ölberges und 740 Meter über dem Meer gelegen, sind die Kapelle und Moschee der Himmelfahrt.

Ein Gang über die Mauern Jerusalems

Wer der Altstadt nahe sein und trotzdem den Überblick behalten will, dem sei ein Gang auf deren Mauern empfohlen. Der Weg berührt auch die acht Stadttore, von denen das Damaskus-Tor, mit Zinnen und Türmchen geschmückt, am meisten beeindruckt. Hier hatte einst der Cardo maximus seinen Anfang, die römische Prachtstraße, die zum Teil wieder freigelegt wurde. Das

Goldene Tor, gegenüber dem Ölberg, ist seit dem 7. Jahrhundert durch eine Mauer verbarrikadiert. Es heißt, die Muslime hätten damit das Erscheinen des Messias, der durch eben diese Pforte in seine Stadt zurückkehren werde, zu verhindern versucht.

Bis zur Zerstörung des Zweiten Tempels umschlossen die Stadtmauern auch den Berg Zion. Danach lag es schlicht an den fehlenden Finanzen, dass die Stätte, an der Jesus die Verleugnung durch Petrus und den Verrat Judas vorausgesagt und mit seinen Jüngern das Heilige Abendmahl gefeiert hatte, draußen vor bleiben musste.

Als Gegenstück zur alten Stadt präsentiert sich das moderne Jerusalem rund um den Zion Square. Von hier ist es nicht mehr weit zur King David Street mit dem gleichnamigen Hotel, und auch das berühmte Israel-Museum mit dem futuristischen Schrein des Buches sowie das Gebäude der Knesseth mit der monumentalen Menora sind gut zu Fuß zu erreichen.

Schließlich gehört zum himmlischen Jerusalem auch die Erinnerung an die Hölle. Die Gedenkstätte Yad Vashem auf dem Mount Herzl ist den sechs Millionen Opfern des Holocaust gewidmet.

Oben:
Wer sich ein Bild vom Jerusalem zur Zeit des Königs Herodes machen möchte, findet im Garten des Hotels „Holyland West" auf 100 Quadratmetern ein Modell der alten Stadt im Maßstab 1:50.

Links:
Die Jerusalemer Yoel Salmon-Straße gehört zur Fußgängerzone. Man flaniert, kauft und kehrt in den Straßencafés ein.

Seite 34/35:
Diese Luftaufnahme vermittelt ein besonders eindrucksvolles Bild der Altstadt – beginnend mit dem Jaffa-Tor im Vordergrund und wieder über den Tempelberg hinweg nach Osten.

Links und unten:
Sowohl das Äußere wie auch das Innere des Felsendoms sprengen alle Maßstäbe. Die Kuppel hat einen Durchmesser von 26 Metern und wölbt sich 36 Meter hoch über jenen Felsen, auf dem Abraham seinen Sohn Isaak opfern sollte, Jesus die Händler im Tempel vertrieb und Mohammed zu einer Himmelsreise startete.

Links:
Der archäologische Park Ophel ist am südlichen Fuß des Tempelberges, unterhalb der El Aqsa Moschee, gelegen und vereint Funde aus 12 historischen Epochen Stadtgeschichte.

Linke Seite und links:
Die El Aqsa Moschee wurde 714 begründet und geht in ihrer heutigen Gestalt auf den Kalifen Al Sahir zurück, der den Vorgängerbau 1034 grundlegend umgestaltete. Später, Ende des 12. Jahrhunderts, ließ sie Sultan Saladin mit Mosaiken ausschmücken und stiftete auch die gen Mekka gerichtete Gebetsnische.

Seite 40/41:
Blick vom Westen hin zum Tempelberg, der – links im Bild – von der goldenen Kuppel des Felsendomes gekrönt wird. Davor die mächtige Steinbarriere der Klagemauer. Die friedvolle Ansicht lässt kaum erahnen, dass diese enge Nachbarschaft höchster islamischer und jüdischer Heiligtümer enormen Sicherheitsaufwand erfordert.

Unten:
Das jüdische Sukkot-Fest, das Laubhüttenfest, erinnert an den Auszug aus Ägypten. Der bei festlichen Umzügen getragene Feststrauß ist zusammengestellt aus Zitrusfrucht (Etrog), Palmwedel, Myrtenzweigen und Bachweiden.

Links:
Der nach seinem britischen Entdecker benannte Wilson Bogen ist gewissermaßen die nördliche Fortsetzung der Klagemauer. Die Reste des einstigen Viaduktes aus dem 1. Jhd. v. Chr. bergen heute eine große Sammlung von Thora- und Talmudausgaben in den verschiedensten Sprachen.

Rechts oben und Mitte:
Betende Juden vor der Klagemauer. Die Ritzen zwischen den mächtigen Steinblöcken werden auch „Briefkasten Gottes" genannt. Sie dienen dazu, all die „Kvietelchen", Zettel, aufzunehmen, auf denen die Gläubigen ihre Botschaften an den Allmächtigen geschrieben haben. Seit 1970 bekommen Frauen und Männer getrennte Plätze an der Klagemauer zugewiesen.

Rechts unten:
Beten während des Purim-Festes: Es handelt sich um eine der heitersten religiösen Feierlichkeiten der Juden, die nicht nur zeitlich – Februar/März – an unseren Karneval erinnert.

Heiliger Zankapfel –

DER TEMPEL

Oben:
Anfang des 20. Jahrhunderts lag vor der Klagemauer das kleine Viertel marokkanischer Juden (Mughrabim).

Mitte:
Der Tempelberg überragt Jerusalem.

Das Felsplateau inmitten der Altstadt ist nur einen halben Quadratkilometer groß. Doch selbst wenn sich die Anhänger der drei großen monotheistischen Religionen in allem einig wären, ginge es hier ziemlich eng zu. Der Konflikt ist also vorprogrammiert. So ist denn auch der hebräische Name der Stadt – Ort des Friedens – eher beschwörender Aufruf zum Miteinanderauskommen denn Beschreibung des Status quo.

Bezeichnenderweise sind es nicht die Götter, die miteinander im Streit liegen, sondern deren Anhänger. So sehen die Juden im Tempelberg den mythischen Berg Moriah aus der Bibel, der für jene bedingungslose Gottergebenheit steht, wie sie Abraham mit der Opferung seines Sohnes abverlangt worden ist. 960 v. Chr. ließ dann König Salomon hier den Ersten Tempel errichten. Doch dieses Gotteshaus wurde ebenso zerstört wie der Nachfolgebau, von dem wenigstens die westliche Begrenzung stehen blieb, welche seit dem 4. Jahrhundert Klagemauer genannt wird. Hier versammeln sich besonders zu Beginn des Sabbats viele Gläubige, um mit Gott Kontakt aufzunehmen: betend, bittend, auch klagend. Und die Ritzen zwischen den riesigen Kalksteinen können nicht groß genug sein für all die vielen kleinen Zettelchen, die dort als vertrauliche Botschaften und Bitten an Jahwe deponiert werden.

Doch die Sache wird für einen frommen Juden spätestens dann bedenklich, wenn er sich vergegenwärtigt, dass ihm die Muslime bei seinen religiösen Verrichtungen gewissermaßen auf dem

BERG

Oben:
Ein Junge bei der Lektüre der Gesetzesrollen vor der Klagemauer. Das Bar Mitzava-Fest bedeutet für ihn die Aufnahme in die Welt der Erwachsenen.

Links:
Die Klagemauer scheint einen Hut zu tragen. Doch die Perspektive täuscht und zwischen der alten jüdischen Tempelwand sowie der El Aqsa Moschee liegen räumlich zwar nur ein paar Meter, dafür aber religiöse und politische Welten.

Unten links:
Die goldene Kuppel des Felsendoms ruht auf einem Oktagon, das mit buntem Marmor und herrlichen Kacheln geschmückt ist, die in Blau, Weiß, Gelb und Grün leuchten.

Kopf herumtrampeln. Denn oben, nahe dem Felsen, wo Gott Abraham und seinen Sohn Isaak geprüft hatte, stehen die El Aqsa Moschee und der Felsendom, welcher mit seiner riesigen goldenen Kuppel schon von weitem alle Blicke fängt. Über die prächtige Ausstattung hinaus ist für die Muslime vor allem jener Abdruck wichtig, den Mohammeds Pferd Buraq auf einem Fels hinterlassen haben soll, als es den Propheten zu seiner geheimnisvollen Reise in den Himmel trug. Der Felsendom darf für sich in Anspruch nehmen, das einzige Heiligtum zu sein, in dem sowohl Muslime als auch Christen beten.

Die gegenüber liegende El Aqsa Moschee bietet gleichzeitig 5000 Gläubigen Platz und ist damit die größte in der Stadt. Doch tief unter ihr lagert hochexplosiver Zündstoff. Steht doch das muslimische Gotteshaus höchstwahrscheinlich auf den Ruinen des Ersten jüdischen Tempels und Allah gewissermaßen über Jahwe.

Bliebe noch die Frage, was die Christen mit dem Tempelberg verbindet: Nun, der Zweite Tempel war Schauplatz von Jesu Säuberungsaktion gegen die Glücksspieler und Händler, die sich hier niedergelassen hatten. Doch das ist Schnee von gestern. Sind doch Orte wie dieser nicht nur für Religionen, sondern auch für Geschäfte gut. Wie heißt es doch in einem jüdischen Sprichwort: „Der beste Handel ist mit Gott!“

Unten:
Griechisch-orthodoxe Christen bei ihrer Feier des Palmsonntages.

Rechts:
Die Grabeskirche bezeichnet den Ort, wo Christus gekreuzigt und zu Grabe gelegt wurde und wieder auferstanden ist. Das heutige Äußere des Gotteshauses wurde wesentlich durch die Kreuzfahrer geprägt, die es am 15. Juli 1149, 50 Jahre nach der Einnahme der Stadt, weihten.

Oben:
Eine ganz besondere Attraktion ist das äthiopische Klosterdorf „Deir el Sultan“ auf dem Dach der Grabeskirche. Die Mönche und Nonnen, an der Peripherie der Heiligtümer, leben in einfachsten Lehmhütten.

ΠΗΓΗ ΤΗΣ ΗΜΩΝ

Ganz links:
Der Salbungsstein wird von den Griechisch-Orthodoxen als vorletzte Station des Kreuzweges Jesu verehrt, während die Katholiken hierfür auf der Felsspalte in der Golgatha-Kapelle beharren, die sich nach dem Tod des Messias aufgetan haben soll.

Links:
Blick in die griechisch-orthodoxe Golgatha-Kapelle. Unter einer Silberplatte ist die Vertiefung zu erkennen, in der das Kreuz gestanden haben soll.

Linke Seite und links:
Das Grab Jesu befindet sich zwar unter einer gewaltigen Rotunde, die Gruft selber ist jedoch eng und dunkel, so dass die Gläubigen in langen Schlangen anstehen müssen, ehe sie hineingelangen.

Unten:
Prozessionen der verschiedensten Kirchen und Glaubensgemeinschaften zählen zum alltäglichen Bild in Jerusalems Altstadt. Hier griechisch-orthodoxe Gläubige am Karfreitag vor der Grabeskirche.

Rechts oben:
Die Via dolorosa umfasst die 14 Stationen des Kreuzweges Christi und führt sowohl durch das muslimische als auch das christliche Viertel. Besonders bei der Karfreitagsprozession bürden sich nicht wenige Gläubige selber die Last und Leiden Christi auf.

Rechts Mitte und unten:
Palästinensische katholische Pfadfinder sowie griechisch-orthodoxe Gläubige bei ihren auf zwei unterschiedliche Termine fallenden Palmsonntagsprozessionen auf dem Ölberg.

YASERBA

Linke Seite:
Auf dem Platz des römischen Forums liegt der schöne Muristan-Basar. Der weiße Glockenturm im Hintergrund überragt die lutheranische Erlöserkirche, die 1898 durch Kaiser Wilhelm II. ihrer Bestimmung übergeben wurde.

Ganz links:
Die riesigen Pflastersteine auf diesem Part der Via dolorosa stammen noch aus der Zeit des Zweiten Tempels, also aus dem 1. Jahrhundert vor Christi Geburt.

Links:
Zwischen den Stationen II und III des Kreuzweges überspannt der Ecce Homo-Bogen die Via dolorosa. Er bezeichnet jene Stelle, an der Pilatus die auf Jesus bezogenen vielzitierten Worte „Seht, welch ein Mensch!" (Joh 19,5) ausgesprochen haben soll.

Links:
Die Jakobskirche aus dem 11. und 12. Jahrhundert ist architektonische Dominante des zwischen dem Jaffa- und dem Zions-Tor gelegenen Viertels, in dem heute rund 1500 armenische Familien leben.

Rechte Seite:
Am Hurva-Platz stehen die vier ursprünglich sephardischen Synagogen, die im 16. Jahrhundert von spanischen und portugiesischen Juden erbaut und nach grundlegender Restaurierung 1972 wieder der Öffentlichkeit zugänglich gemacht wurden.

Vom Dach des Lutherischen Hospizes, in der Nähe des Jaffa-Tors gelegen, hat man einen herrlichen Blick über die Altstadt von Jerusalem. Rechts ist der gewaltige Bau der Grabeskirche zu sehen.

Nur ein paar Schritte von der Hurva-Synagoge entfernt befindet sich die alte römisch-byzantinische Prachtstraße Cardo maximus. Besonders beeindruckend ist der Teil, wo weit unter dem heutigen Straßenniveau noch einige der Säulen zu sehen sind.

Seite 56/57:
Das arabische Viertel ist im nordöstlichen Teil der Altstadt gelegen und beansprucht nicht nur den größten Platz, sondern ist auch am dichtesten bevölkert. Die Bilder zeigen die Straßenauslage eines Konfektionsgeschäftes und einen Souvenirladen (links), in dem – über alle Glaubensgrenzen hinweg – sowohl jüdische als auch palästinensische Andenken feilgeboten werden, sowie einen Bauern, der Spinat verkauft (unten) und Menschen auf dem Weg zum Freitagsgebet (großes Bild).

Seite 58/59:
Blick vom Davids-Turm der Zitadelle über das Häusermeer der alten Stadt, aus dem der Turm der Erlöserkirche herausragt und den Blick fängt.

SWEDISH CHRISTIAN
STUDY CENTRE

established by
FRIKYRKLIGA
STUDIEFÖRBUNDET
JAFFA
MOSES RESTAURANT
MOSES RESTAURANT
CHRISTIAN
INFORMATION
CENTRE

Unten:
Der Blick über die Stadtmauer zur Dormitiokirche. Erst 1906 wurde der nach dem Vorbild der Pfalzkapelle zu Aachen erbaute Rundbau seiner Bestimmung übergeben und wird seither, samt dem dazu gehörigen Kloster, von Benediktinern verwaltet.

Oben und unten:
Ein Spaziergang auf der historischen Stadtmauer garantiert auch die Begegnung mit den schönsten Toren der Altstadt: Während das Goldene Tor, bevor es zugemauert wurde, (oben links) zum Tempelberg führte, gelangt man durch das Zions-Tor (oben rechts) auf den gleichnamigen Berg und durch das Damaskus-Tor (unten rechts) gen Syrien. Das Löwen-Tor (unten links) wiederum hat seinen Namen von jenen beiden steinernen Figuren, die auf Sultan Süleyman zurückgehen sollen.

Seite 62/63:
Blick über das Qidron-Tal zum Ölberg. Vorbei an den Gräbern von Absalom, Josaphat und Beni Hesir geht der Weg weiter zu dem Platz, wo sich dem jüdischen Glauben zufolge das Jüngste Gericht abspielen soll.

Rechts:
In der Gethsemanegrotte verbrachte Jesus die Nacht vom Donnerstag zum Freitag vor dem Pessach-Fest. In dieser Nacht wurde er von Judas verraten.

Unten:
Das Giebelmosaik der „Kirche der Nationen“ zeigt Jesus im Zentrum, zwischen Gott und den Menschen stehend.

Oben:
Ebenfalls am Ölberg gelegen ist das Grab Mariens. Hinter einem frühgotischen Portal verbirgt sich eine Krypta, deren jetziges Aussehen wesentlich durch die Kreuzfahrer geprägt wurde. Hier wird die letzte Ruhestätte der heiligen Jungfrau vermutet.

Unten:
Ashkenazim (ursprünglich Juden deutscher Herkunft; später auch Bezeichnung für aus ganz West-Europa, den Vereinigten Staaten, Australien und Neuseeland stammende Juden) beim Gebet in der Stieblach-Synagoge zu Jerusalem.

Kleine Bilder:
Sukkot, das Laubhüttenfest, in Mea She'arim. Die siebentägige Erntedankfeier im September/Oktober erinnert an die 40-jährige Wanderschaft von Ägypten ins Gelobte Land und bedarf besonderer Vorbereitungen, zu denen auch die Wahl des „Hadass", ein Bestandteil des Feststraußes, gehört. Die Juden folgen genauestens den Anweisungen des Talmud und prüfen beim Kauf sogar die Zahl der Blättchen des Zweigs.

Oben und unten:
Im nördlich der Jerusalemer Altstadt gelegenen Viertel Mea She'arim lebt man noch so wie einst im osteuropäischen Stetl. Die hier wohnenden, besonders kinderreichen Familien haben nur ein Ziel und das heißt, dem Herrn gefällig zu sein. So akzeptieren sie denn auch keine staatliche, sondern nur die göttliche Autorität.

Oben und unten:
Selbst das an und für sich so heitere Purim-Fest kann diese Ultra-Orthodoxen nicht aus ihrer Reserve locken. Verstohlen lächeln sieht man allenfalls die Kleinen.

Unten:
Blick auf den Obersten Gerichtshof (1993) und die Knesseth, das israelische Parlament, dessen Gebäude mit der bronzenen Menora vor dem Eingang aus dem Jahre 1966 stammt.

Rechts oben und Mitte:
Yad Vashem, die Gedenk- und Dokumentationsstätte des nationalsozialistischen Holocaust an sechs Millionen Juden, liegt hoch oben auf dem Herzl-Berg.

Der riesige Komplex beeindruckt nicht nur mit monumentalen Kunstwerken wie der Halle der Erinnerung oder dem „Tal der (ausgelöschten jüdischen) Gemeinden“ (oben), sondern auch mit einzelnen Arbeiten von besonderer Originalität und Eindringlichkeit, wie zum Beispiel dem Objekt „Die gebleichten Knochen“ (Mitte).

Rechts unten:
Ein absolutes Muss für jeden Besucher des Heiligen Landes ist das Israel-Museum mit dem schon durch seine markante Architektur ins Auge fallenden „Schrein des Buches", der jenen alttestamentarischen Pergamenten gewidmet ist, die seit 1947 in Qumran gefunden wurden.

Von Galiläa zum Mittelmeer – der Norden

Der Norden Israels ist geprägt von vielfältigen Landschaftsformen, hier drängen sich die verschiedensten Klima- und Vegetationszonen eng aneinander. Vom Berg Hermon, der im Winter ein weißes Kleid trägt und Skifahrer lockt, bis zum subtropischen Hula-Tal, das Tausenden von Zugvögeln Rast sowie Wasserbüffeln, Wildschweinen, Fischottern und Adlern Refugium bietet, ist es nur ein Katzensprung. Hier vereinen sich auch die drei aus dem Gebirge kommenden Bäche namens Snir, Banyas und Dan zum Jordan. Der ist allerdings, im krassen Gegensatz zu seiner kulturhistorischen Rolle und den Erwartungen der Besucher, eher ein Flüsschen. Allerdings ist sein Wasser von eminent wichtiger Bedeutung für Israel.

Der 170 Quadratkilometer große See Genezareth ist nicht nur Pilgerziel und Urlaubsparadies, sondern auch größtes Süßwasserreservoir Israels. Er liefert etwa zwei Drittel des Landesbedarfes.

Hauptort Galiläas ist Safed und die prächtigen Synagogen tragen die Namen berühmter Schriftgelehrter. Die Stadt gilt als das Zentrum des Mystizismus. Den Kabbalisten sind die Künstler gefolgt. Und diesem Gemisch aus Lebensweisheit und Lebenslust verdankt der Ort seinen besonderen Charme.

1967 wurde das Basalt-Plateau des Golan mit seinen markanten Vulkankegeln erobert und dieser Hinzugewinn im Oktoberkrieg 1973 noch einmal vermehrt. Seither stehen Blauhelme zwischen den Syrern und Israelis. Und die Straßen, die aus der Jordan-Senke auf die Höhen führen, queren ausgedehnte Minenfelder. Nach den Militärs sind inzwischen auch mehrere tausend israelische Siedler gekommen. Denn das Land ist sehr fruchtbar, ein Paradiesgarten.

Wo einst Jesus über das Wasser wandelte

Der See Genezareth umfasst 170 Quadratkilometer Wasserfläche inmitten schönster Umgebung. So heißt es in einer Legende, Gott habe ihn ursprünglich einmal für sich allein reserviert. Inzwischen zählt diese Region zu den großen touristischen Zentren des Landes. Darüber hinaus ist der See aber auch das Herzstück des National Water Carrier, eines Verbundsystems von Reser-

Auch wenn Tel Aviv eher als Inkarnation kühlen Geschäftssinnes gilt, mangelt es hier nicht an Ausgelassenheit und Lebenslust.

voirs, Kanälen, Pipelines, Pumpstationen und Steigleitungen, das in der Welt seinesgleichen sucht und lebensnotwendige Voraussetzung für die Existenz des Staates Israel ist.

Jenseits der Berge von Galiläa und Samaria liegt das Mittelmeer. Der Ruf der Stadt Akko wurde vor allem durch die Kreuzfahrer begründet. Sie nutzten das biblische Ptolemais als Einfallstor ins Heilige Land. Vor Haifa, knapp 25 Kilometer weiter südlich, strandete um die Mitte des 19. Jahrhunderts ein Schiff mit jüdischen Immigranten. Das Ereignis wurde zum Signal: Fortan setzten hier die meisten Einwanderer zum ersten Mal ihren Fuß auf den Boden des Gelobten Landes. Viele blieben und machten Haifa zur drittgrößten Stadt Israels.

Weiter südlich beginnen sich Meer und Berge aus der gegenseitigen Umklammerung zu lösen. Der flache Küstenstreifen gilt als Kornkammer und Garten des Landes. Mittendrin die Ruinen von Caesarea, der bedeutendsten römischen Hinterlassenschaft in Palästina, mit Amphitheater, Hippodrom und den Resten eines Aquäduktes, das – ohne Anfang und Ende – verloren am Meer steht.

Entlang der Mittelmeerküste

Während Caesarea schon lange ohne Bewohner ist, versammeln sich in Netanya umso mehr. Obwohl Tel Aviv mit einem ebenso feinen Sandstrand aufwarten kann, versuchen auch immer

Links:
Die Strände entlang der Promenade von Tel Aviv sind oft überfüllt, doch es gibt auch hier ruhige Flecken – so zum Beispiel den Strand in Herzlia.

Unten:
Die in den Kalkstein gehauenen Grabhöhlen von Tel Maresha werden in das 3. und 2. Jahrhundert vor Christi Geburt datiert.

Oben:
Die im Jahr 1242 erbaute Kreuzfahrerkirche bei Abu Ghosh gehört zu den schönsten Beispielen mittelalterlicher Sakralarchitektur im Land.

mehr Menschen von dort, es sind kaum mehr als 30 Kilometer, wenigstens beim Baden der Hektik der Großstadt zu entfliehen.

Apropos Tel Aviv. Auch wenn es schon oft zitiert wurde, gilt heute mehr denn je, dass man in Jerusalem betet, in Haifa arbeitet, in Tel Aviv aber lebt. Mit dem kleinen Zusatz, dass sich dieses Leben inzwischen kaum mehr von dem in einer westlichen Metropole unterscheidet. Während die Architektur der älteren Viertel noch das jeweilige Herkunftsland der Einwanderer verrät, zeigt das Zentrum mit der Dizengoff, der Flanier- und Einkaufsstraße, das kühne, aber auch kühle Gesicht der Moderne. Dementsprechend ungewöhnlich ist auch der „Hut" der Dizengoff. Gewissermaßen über die Straße gestülpt, bleibt er ausschließlich den Fußgängern vorbehalten. Mittelpunkt und Augenfang sind der Feuer- und Wasser-Brunnen, dessen Fontänen und Flammen sich bei wechselnder Musik immer wieder neu umarmen. Und der romantische Geist? Er hat sich in die Gassen und Winkel des ehemals arabischen und heute eingemeindeten Jaffa verkrochen, wo er vor sich hinträumt. Hier scheint das alte Palästina noch gegenwärtig.

Linke Seite:
Der Banyas, einer der drei Quellflüsse des Jordan, entspringt am Fuße des Berges Hermon. Der gleichnamige Nationalpark (Nahal Hermon Reserve) lockt unter anderem mit einem besonders idyllischen Badeplatz unter einem Wasserfall.

Blick über die Golan-Höhen zum schneebedeckten Berg Hermon. Israel, das einen 25 Kilometer breiten Streifen syrischen Territoriums seinem Staatsgebiet eingegliedert hat, tut sich schwer, diese Sicherheitszone wieder aufzugeben.

Das Quellgebiet des Dan, auch er ist einer der drei Ursprünge des Jordans, wurde in seiner wilden Ursprünglichkeit belassen und ist als Reservat ausgewiesen.

Unten:
Die Festung Nimrod geht auf die Araber zurück, war zwischenzeitlich im Besitz der Kreuzritter und wurde bereits 1229 durch den Sultan von Damaskus zerstört.

Rechts oben:
Die alte jüdische Siedlung Gamla auf dem Golan wird „Massada des Nordens" genannt. Auch sie wurde von den Römern zerstört.

Rechts Mitte:
Nahe dem heutigen Ort Banyas auf dem Golan lag die antike Stadt Paneas (Caesarea Philippi). Hier sprach Jesus die folgenreichen Worte zu seinem Vertrauten: „Du bist Petrus, und auf diesem Felsen will ich meine Gemeinde bauen."

Rechts unten:
Im Süden der Stadt Qazrin sind die Ausgrabungen des historischen Katzrin. Das restaurierte Haus, hier die Küche und der Vorratsraum, ist aus dem 5. bis 8. Jahrhundert.

Rechte Seite:
Die Festung Montfort wurde von französischen Kreuzrittern erbaut und ging danach an den Deutschritterorden – der sie 1266 aufgab. Seither von allen Kriegern verlassen, bieten die martialischen Ruinen inmitten waldreicher Berge heute ein eher friedvolles Bild.

Diese Drahtseilbahn führt hinauf zum Kibbuz Menara nahe Qiryat Shemona hoch im Norden des Landes.

Als hätte sie ein Riese durch die Luft geschleudert, liegen heute die Ruinen des antiken Hippus (Susita) am Ostufer des Sees Genezareth verstreut.

Unten:
Safed, auf 800 Meter Höhe in den Bergen Kanaans gelegene 25 000-Einwohner-Kommune, ist nicht nur der Hauptort Galiläas, sondern auch die viertheiligste Stadt des Judentums.

Rechts:
Die Stadt gilt als altes Zentrum der Kabbala, das heißt der jüdischen Mystik und Geheimlehre. Die überaus prächtig ausgestatteten Synagogen tragen die Namen der Meister. So erinnert das auf dem Foto zu sehende Gotteshaus an den legendären Rabbi Joseph Caro.

Links und unten:
Neben den alten Synagogen ist das im Nordwesten der Altstadt gelegene Künstlerviertel von besonderem Reiz. Dort gibt es nicht nur eine ganze Reihe von Galerien, sondern man hat auch die Chance, einem Prominenten, wie zum Beispiel Yaacov Kaszemacher (links), persönlich zu begegnen.

Wege durch Galiläa –

AUF JESU SPUREN

Oben:
Der See Genezareth – fast wie zu Zeiten Jesu.

Oben rechts:
Das Wunder der Brotvermehrung auf dem berühmten Mosaik von Tabgha (5. Jhd.).

Rechts Mitte:
Der Berg der Seligpreisung war Schauplatz der Bergpredigt.

Die Segelboote sollen jenen gleichen, die schon vor 2000 Jahren auf dem See Genezareth ihre Bahn gezogen haben. Und die Männer der Besatzung, in langen weißen Gewändern und fast so langen Bärten, ähneln alle dem Messias oder seinen Jüngern. Wenn sie dann noch ihre Netze auswerfen, fühlen sich die Besucher vollends in jene Zeit zurückversetzt, als Jesus in Kapernaum Aufenthalt nahm und die beiden Brüder Simon, genannt Petrus, und Andreas zu „Menschenfischern" ausbildete. Einige Vorwitzige hätten jetzt sogar gerne noch einen Sturm, auf dass Jesus noch einmal eingreife und die Wellen zähme.

In Galiläa ist das Phänomen Christi besonders gegenwärtig und beeindruckt selbst solche, die Wunder inzwischen woanders suchen. Eben diese Gäste scheint das Fremdenverkehrsamt von Tiberias im Auge gehabt zu haben, als es knapp unter der Oberfläche des Sees Genezareth einen Steg verlegen ließ, der es jedem erlaubt, Jesus zu spielen, das heißt, gleich dem großen Vorbild übers Wasser zu laufen.

Natürlich wird nicht alles auf diese Weise verwässert. In Kapernaum am Nordufer des Sees nahm Jesus nach seinem Fortgang aus Nazareth Aufenthalt und begann dort erstmals zu predigen sowie Jünger um sich zu sammeln. Archäologen haben das so genannte „Haus des Petrus" freigelegt. Viel imposanter freilich sind die Reste einer Synagoge aus dem 4. Jahrhundert. Von Kapernaum ist es nicht weit bis Tabgha, wo der Messias, mit nur fünf Broten und zwei Fischen, 5000 Anhänger satt gemacht haben soll.

Auf dem nahe gelegenen Berg der Seligpreisung forderte Jesus in einer revolutionären Predigt Demut und Nächstenliebe, Gewaltlosigkeit und Friedensbereitschaft und stellte unmissverständlich klar, dass Besitz zum Teilen verpflichtet.

Dass er auch auf die Alltäglichkeiten der Menschen einging, beweist das Geschehnis zu Kanaan, als er eine Hochzeit rettete, indem er Wasser zu Wein verwandelte. Das heutige arabische Dorf Kana liegt an der Straße von Tiberias nach Nazareth. Der „Hochzeitswein" in der Kellerei indes stammt von den Golan-Höhen. Dass auch er einmal Wasser gewesen und – auf freilich nicht ganz so perfekte Weise – verwandelt worden sei, scheint ein übles Gerücht.

Oben:
Ruinen eines byzantinischen Klosters in Kursi (Gergesa). Hier heilte Jesus zwei von Dämonen besessene Männer, wonach die bösen Geister in eine Herde Schweine fuhren, die sich dann in den See Genezareth stürzten.

Links:
Die Verkündigungskirche zu Nazareth.

Links:
Kapernaum, mit den Fundamenten des so genannten „Haus des Petrus", war eine der frühen Wirkungsstätten Jesu.

Unten links:
In Betanien nahe Jerusalem wohnten Martha und Maria sowie Lazarus, dessen Grab das Bild zeigt.

Vom Ort des Weines zu jenem, in dem die Heilige Familie zu Hause war, sind es nur ein halbes Dutzend Kilometer. Unübersehbare Dominante von Nazareth ist die moderne katholische Verkündigungskirche, 1969 an der Stelle errichtet, wo Mariens Haus stand und ihr der Erzengel Gabriel erschien. Die griechisch-orthodoxe Kirche hingegen sieht den Ort ganz woanders – und hat ihn mit der Gabrielskirche gekrönt.

Schließlich kommt auch Josef in Nazareth zu Ehren. Das ihm gewidmete Gotteshaus steht auf dem Grund, wo sich seine Tischlerwerkstatt befunden haben soll.

Unten und rechts:
In Tabgha speiste Christus mit nur fünf Broten und zwei Fischen 5000 Menschen. Auch soll hier die dritte Erscheinung des Herrn stattgefunden haben. An diese Ereignisse erinnern die St. Peterskapelle und die Kirche der Brotvermehrung.

Rechts:
Über die spärlichen Reste eines alten Klosters schweift der Blick hinunter zum See Genezareth, an dessen westliche Taille sich Tiberias schmiegt.

Links:
Die weiße Synagoge von Kapernaum wurde frühestens im 2., spätestens im 4. Jahrhundert errichtet und bezeugt noch als Ruine größte Pracht.

Rechts:
„Mona Lisa von Galiläa" heißt man dieses herrliche Mosaik aus dem beginnenden dritten nachchristlichen Jahrhundert. Das Mosaik entstammt einer römischen Villa, ganz in der Nähe von Zippori.

Ganz rechts:
Die Thermalquellen von Hamat Tiberias werden in der Legende schon mit König Salomo in Verbindung gebracht. Das, was an historischer Hinterlassenschaft zu besichtigen ist, stammt aus der Römerzeit.

Rechts:
Der Berg Arbel nahe Tiberias ist an seiner nördlichen Steilwand von Grabhöhlen durchzogen.

Oben:
Nordwestlich von Zefat erhebt sich in einer idyllischen Landschaft die gut restaurierte Synagoge Bar'am aus dem 3. Jahrhundert. Nach jüdischer Tradition befinden sich hier die Gräber des Propheten Obadja und der Königin Ester.

Links:
Diese alte jüdische Grabanlage nahe Nazareth stammt aus dem 1. Jahrhundert unserer Zeit. Eine Besonderheit ist der Rollstein vor dem Eingang.

Seite 90/91:
Auf halbem Weg zwischen dem Mittelmeer und dem See Genezareth liegt Nazareth – neben Jerusalem und Bethlehem der dritte wichtige Zielort christlicher Pilger im Heiligen Land. Unübersehbar im Zentrum des Bildes die mächtige Verkündigungskirche.

Seite 92/93:
Beit She'arim war einst ein bedeutendes religiöses und kulturelles Zentrum des Judentums – so hatte hier unter anderem im 2. Jahrhundert der Höchste Gerichtshof seinen Sitz. Nach der Zerstörung durch die Römer geriet die Stadt in Vergessenheit – bis man 1936 durch einen Zufall die riesige Nekropole entdeckte: 26 Katakomben mit Sarkophagen zuhauf.

Linke Seite:
In der Katakombe 13 sind die 12 Grabkammern auf verschiedenen Ebenen mit einer Treppe verbunden. Alles ist aus dem Stein geschnitten, sogar die Türen und deren Angeln.

Oben und unten:
Die Katakombe 20 (oben) ist eine verästelte in den Kalkstein gehauene Anlage mit 26 Räumen. In dieser Katakombe befindet sich auch der bekannte Löwen-Sarkophag (unten).

Rechte Seite:
Auf dem Berg Tabor, Ort von Christi Verklärung, befindet sich eine große Klosteranlage; die heutige Basilika wurde erst 1923 auf den Fundamenten einer frühchristlichen Kirche erbaut.

Oben und unten:
Der Jordan hat verschiedene Gesichter: Neben der Begegnung mit biblischer Historie, auch heute noch finden hier Taufzeremonien statt (unten), bietet er auch Gelegenheit zu Bootsfahrten und naturkundlichen Exkursionen (oben).

71129
DL 6999 R

Seite 96/97:
Der Hafen von Akko diente den Kreuzfahrern als wichtigste Nachschub- und Versorgungsbasis für ihre Unternehmungen im Heiligen Land.

Die alte zweigeschossige Karawanserei Khan el-Umdan mit ihrem arkadenumsäumten Innenhof datiert aus dem Ende des 18. Jahrhunderts und ist heute eine der meistbesuchten Sehenswürdigkeiten von Akko.

Die Altstadt mutet orientalisch an; der hohe Anteil an arabischer Bevölkerung prägt die Läden, Galerien und Restaurants bis heute.

Links und ganz links:
El Jezzar, der Erbauer der Khan el-Umdan in Akko, liegt in der nach ihm benannten Moschee begraben, deren schlankes Minarett den Weg weist (ganz links). Vor dem Gotteshaus bietet ein im Stil des türkischen Rokoko gehaltener Kiosk ein reizvolles Entree (links).

Unten:
Auf drei massigen Pfeilern ruht das Gewölbe jenes unterirdischen Saales, der im 12. Jahrhundert den Rittern des Johanniterordens als Refektorium diente. 1291 wurden die letzten Kreuzfahrer aus der Stadt vertrieben.

Von der Utopie zum Staat – ISRAEL

Mitte:
Zelte, Baracken – mehr Feldlager, denn Wohnsiedlung: die ersten Kibbuzim.

Oben:
Theodor Herzls Buch war Fundament und Fanal für die Gründung des Staates Israel.

Man schrieb das Jahr 1909, als nördlich von Jaffa der erste Spatenstich für eine jüdische Siedlung vollzogen wurde, die ein Jahr darauf den Namen Tel Aviv erhielt. Der „Frühlingshügel" hat eine alttestamentarische Vorgeschichte – der Prophet Ezechiel wurde einst in einem Tel-Abib geheißenen Ort von Gott zum Wächter Israels bestellt – und eine literarische Fortsetzung. Für letztere zeichnete Theodor Herzl verantwortlich, der 1902 unter eben diesem Titel „Tel Aviv" einen Roman veröffentlichte. Dieser, in deutscher Sprache als „Altneuland" bekannt, knüpfte an sein sechs Jahre zuvor erschienenes Buch „Der Judenstaat" und an das Programm des 1. Zionistenkongresses an. Sie alle zielten auf eine Vision, die mit der Gründung des Staates Israel am 14. Mai 1948 endlich Wirklichkeit wurde.

Die Keimzelle Israels – der Kibbuz

Palästina, von 1516 bis 1917 vernachlässigte türkische Besitzung, sah bereits Ende des 17. Jahrhunderts erste jüdische Immigranten. Es folgten regelrechte Einwanderungswellen. Mit der dritten und vierten zwischen 1919 und 1928 erhöhte sich der mosaische Bevölkerungsanteil um das Dreifache. Der 1903 gegründete „Jüdische Nationalfonds" erwarb Land und überließ es den Neuankömmlingen zur Pacht. Nicht einmal 10 Jahre später wurde der erste Kibbuz gegründet – eine autarke, zunächst auf die landwirtschaftliche Produktion beschränkte Gemeinschaft (Kibbuz heißt im Hebräischen „Gruppe"), deren Mitglieder sich den Gleichheitsidealen der Zionistischen Arbeiterbewegung verpflichtet fühlten und Bauern und Soldaten zugleich sein mussten.

Den Konflikt hatten die Engländer vorprogrammiert, indem sie – als Lohn für den Kampf gegen die Türken – den Arabern die Unabhängigkeit und den Juden einen eigenen Staat versprachen. Das heißt, das Land wurde vorab und fatalerweise

Links:
Zwölf Meilen vor Palästina wurde das Schiff „Exodus“ mit 4500 illegalen Einwanderern von den Briten gestoppt, aber dennoch gelang es ihnen, an Land zu kommen.

gleich zweimal vergeben. Was spielte es da noch für eine Rolle, dass beide Zusagen nicht ernst gemeint waren und die Briten eher an eine Kolonie Palästina gedacht hatten? Doch es wurde „nur“ ein Mandat – das von Anfang an genügend Zündstoff barg. Fühlten sich doch die Araber von den jüdischen Ankömmlingen immer mehr in die Enge getrieben.

Die fünfte Einwanderungswelle war vor allem Ergebnis der nationalsozialistischen Massenvernichtung. Als die Engländer die Flüchtlinge von Palästina aussperren wollten, kamen diese illegal in das Land. So spitzte sich der Konflikt mit den Arabern immer weiter zu.

In dieser Situation warf die „Mandatsmacht“ das Handtuch. Die Vereinten Nationen sollten nun retten, was eigentlich nicht mehr zu retten war.

Ganz links:
Davin Ben Gurion war der erste Ministerpräsident. Er starb 1973.

Links:
Am 16. Februar 1949 wurde Chaim Weizmann als erster Staatspräsident vereidigt.

Links:
Vom Pioniergeist erfüllt: Kibbuzniks bei der Wiederaufforstung (1937/38).

Ihre Resolution Nr. 181, die eine konföderative Teilung des Landes vorsah, beantworteten die Araber mit Kriegsvorbereitungen. Darauf proklamierte Ben Gurion einen Tag vor dem Abzug der Briten des Staat Israel – der noch in der gleichen Nacht mit der Kriegserklärung der arabischen Staaten konfrontiert wurde.

Unten:
1101 eroberten die Kreuzfahrer die Stadt, die sie später an Saladin verloren, ehe sie 1191 Richard Löwenherz wieder aufbaute. Zu ihrer baulichen Hinterlassenschaft zählt unter anderem die sogenannte „Kreuzfahrerstraße".

Seite 102/103:
Der Blick geht vom Karmel über das Lichtermeer Haifas in der weit geschwungenen Bucht. Mit etwa 250 000 Einwohnern ist es die drittgrößte Stadt des Landes und verfügt über den größten Hafen. Im Vordergrund liegt der Bahai-Tempel, ein Wahrzeichen von Haifa.

Unten und links:
Das antike Caesarea, ca. 20 v. Chr. von Herodes gegründet, liegt 40 Kilometer nördlich von Tel Aviv am Mittelmeer. Über ein halbes Jahrtausend war es die Hauptstadt des römischen Judäa. Seine Geschichte ist mit Persönlichkeiten wie Pontius Pilatus und dem Apostel Paulus verknüpft. Zu den herausragenden Sehenswürdigkeiten, welche die Archäologen freigelegt haben, zählt sowohl der Aquädukt als auch das Amphitheater – beide aus herodianischer Zeit.

Seite 106/107:
Blick über den Yacht- und Fischereihafen von Jaffa gen Norden – mit der Skyline Tel Avivs.

LADY DALIA
ROSH
ROSH

Oben:
Tel Aviv ist die wirtschaftliche und kulturelle Metropole Israels. Alle großen Unternehmen haben hier ihre Zentrale, ebenso die meisten Botschaften ihren Sitz – es ist die inoffizielle Hauptstadt.

Rechts:
Das Naherholungsziel von Tel Aviv ist der Strand. Vor der Kulisse der Skyline der Stadt wird gespielt, gesonnt und vor allem gebadet.

Oben:
Der Strand von Tel Aviv ist auch Treffpunkt – hier am Freitagnachmittag vor dem Delphinarium. Nachts treffen sich hier die jungen Leute und machen sich auf den Weg in die Discos und Clubs und danach kommt man, um sich abzukühlen.

Links:
Eine Attraktion am Strand von Tel Aviv: Das Café „comme il faut" gehört zum gleichnamigen israelischen Modelabel und ist ganz im Stil von Sibyl Goldfiner eingerichtet. Es ist ein wunderbarer Platz um das Strandleben aus der Distanz zu genießen.

Rechts:
Neben der wiedererstandenen Idylle des alten Jaffa mutet Tel Avivs moderne Architektur wie ein Einsprengsel aus einer anderen Welt an. Das Gebäudeensemble des Weißen Platzes wurde von Danny Caravan entworfen.

Unten:
Auch wenn sich die meisten die blitzenden und funkelnden Steinchen nicht leisten können, fasziniert allein schon ihr Anblick. Darüber hinaus liefert das Harry Oppenheimer Diamond Museum auch die nötigen Hintergrundinformationen zum Thema.

Oben:
Einen wichtigen Beitrag zum Fundus des Tel Aviv Kunstmuseums bildeten große Privatsammlungen deutscher Juden. Um diese wuchs eine absolut sehenswerte Präsentation israelischer und internationaler Kunst.

Links:
Vor dem Rathaus halten der Persönlichkeit und seiner Politik der Aussöhnung mit den Palästinensern verbundene Israelis die Erinnerung an den von einem eigenen Landsmann ermordeten Ministerpräsidenten Itzhak Rabin wach.

Links:
Nablus, das biblische Sichem, ist heute mit 90 000 Einwohnern die bevölkerungsreichste Stadt der Westbank. Der Jakobbrunnen in der griechisch-orthodoxen Kirche erinnert an jene Episode, bei der Jesus – um den verfolgten Samaritanern die Hand zu reichen – eine Frau dieses Volkes vergeblich um Wasser gebeten hatte.

Linke Seite oben:
Tel Beit She'an, südlich von Tiberias, ist die wichtigste Ausgrabungsstätte des Landes. Im Laufe von 5000 Jahren wurden hier fast zwei Dutzend Städte jeweils aufeinander gebaut. Das Bild zeigt die römische Kolonnadenallee und dahinter die Ruinen des Badehauses.

Linke Seite unten:
Ashqelon, an der Via maris, zählte einst zu den fünf biblischen Städten der Philister. Seit dem 4. Jahrhundert v. Chr. war hier ein wichtiges Zentrum antiker Kultur – wovon die archäologischen Ausgrabungen Zeugnis ablegen.

Mehr als nur Wüste – der Süden

Von Jerusalem zum Golf von Aqaba am Roten Meer sind es etwa 300 Kilometer Luftlinie. Doch vor dem großen Wasser liegt die große Trockenheit: der Negev.

Die Wüste umfasst mehr als die Hälfte des Landes. Nördliches Einfallstor, eigentlich schon ein Stück Wüste, ist die alte Oase Be'er Sheva. Der Name bedeutet übersetzt „Brunnen des Schwurs" und geht auf die alttestamentarische Begegnung zurück, bei der sich Abraham und der Philister Abimelch über die Nutzung des Wassers geeinigt haben sollen. Heute führen Pipelines das kostbare Nass vom See Genezareth und vom Jarkon-Fluss in den Negev. Es ist Voraussetzung für die

Von den Judäischen Bergen hinunter in die Jericho-Senke, knapp 400 Meter unter dem Meeresspiegel gelegen, gilt es auf kürzester Strecke einen Höhenunterschied von 1200 Metern zu überwinden.

Kultivierung der Wüste und die Versorgung der Menschen, von denen in Be'er Sheva inzwischen rund 150 000 leben. Hauptattraktion für die Touristen ist der donnerstägliche Beduinenmarkt.

Alte Karawanenwege

Die Straße Nummer 40 folgt zum Teil einem alten Karawanenweg der Nabatäer durch die Wüste, die hier vor 3000 Jahren die Städte Avdat und Shivta gegründet haben. Ein Muss jeder Negev-Tour ist der Machtesh Ramon, ein Riesenkrater von 40 Kilometern Länge, 8 Kilometern Breite und 300 Metern Tiefe. Der ist freilich nicht vulkanischen Ursprungs, sondern war einst eine Insel inmitten eines riesigen Meeres, die vom Wasser ausgehöhlt wurde und dann in sich zusammenfiel. Angesichts der sommerlichen Trockenheit kann man es sich nicht vorstellen, dass es ein paar Monate später sintflutartig aus den Wolken stürzt und die Wüste in kürzester Zeit verwandelt. Durch die Trockentäler schießen reißende Flüsse, tiefer gelegene Regionen werden zu ausgedehnten Seen. Und jedes Jahr ertrinken mehr Menschen im Negev als verdursten! Doch das Wasser bedeutet vor allem Leben. Alles geht nun sehr schnell: Die Wüste explodiert förmlich in Farben – um schon kurz darauf in die gewohnte Lethargie der Trockenheit zurückzuverfallen.

Kamel vor Zapfsäule an der Kreuzung, wo sich die Straßen Jerusalem – Totes Meer beziehungsweise Jericho schneiden. „Getankt" hat übrigens nicht das Tier, sondern der durstige Reiter.

Elat – Badeort am Rande der Wüste

In Elat gibt es Gelegenheit, sich den Staub abzuspülen, der auf der Haut und in der Kehle klebt. Doch ehe man letztere zu befeuchten versucht und überhaupt vor allen Einkäufen in diesem Badeort sollte man zunächst einen Kassensturz machen. Hier sind alle Waren, Getränke eingeschlossen, fast ein Viertel teurer als im übrigen Land.

Wo einst König Salomons Flotte beheimatet war, befand sich in den sechziger Jahren nur ein Ölhafen und etwas Industrie. Erst danach kamen die Touristen. Heute sind es über 2 Millionen im Jahr. Kein Wunder, dass es hier fast so eng wie auf dem Tempelberg zugeht. Die Hotels stehen dicht an dicht und mittendrin, eingeklemmt, gibt es auch noch die Landebahn des Flughafens. Und so wetteifern die Triebwerke der Jets und die Lautsprecher der Diskotheken um die Vorherrschaft. Tröstlich bei dieser Enge, dass auch das Meer nicht weit entfernt ist. Sein schönstes Gesicht zeigt es am Abend, wenn es im Lichte der untergehenden Sonne rot zu leuchten beginnt und so dem Namen des angrenzenden Meers alle Ehre macht.

Auch wenn Elat keine Stätte der Ruhe ist, lohnt ein Besuch immer. Vor allem sollte man sich den Anblick der bizarren Korallenriffe nicht entgehen lassen. Dabei kann man, ohne Taucher zu sein, dieser exotischen Märchenwelt ganz nahe kommen. Die gläsernen Röhren des Unterwasser-Observatoriums beziehungsweise auch ein Aussichts-U-Boot machen dies möglich.

Übrigens – wem das Erlebnis Wüste noch nicht genug gewesen ist, der kann von Elat aus in den ägyptischen Sinai wechseln und den Mosesberg beziehungsweise das Katharinenkloster besuchen. Oder wieder die Kurve gen Norden zum Toten Meer schlagen.

Die Kontraste könnten größer nicht sein: Dort das Wasser des Lebens, hier das alles beherrschende und jedem Organismus feindliche Salz, das sogar – Eisbergen gleich – in großen Blöcken auf der Oberfläche des Toten Meers schwimmt. Selbst das bekannte göttliche Strafgericht, das im Untergang von Sodom und Gomorrha gipfelte, hat eine mineralische Komponente: Lots Weib erstarrte zu einer Salzsäule, die man heute noch bewundern – oder bedauern kann.

Das moderne Palästina

1967, im Sechstagekrieg, eroberte Israel die Westbank. Seitdem Jordanien 1988 darauf verzichtete und 1994 in Jericho die „Palästinensische Nationalbehörde" ihren Sitz genommen hat, gehört diese Region, mit dem Gaza-Streifen zu den autonomen palästinensischen Gebieten. Abgesehen von Hebron, wo sich 80 000 Palästinenser und vielleicht ein halbes Tausend ultra-orthodoxer Juden Auge um Auge und Zahn um Zahn gegenüberstehen und im Namen des gleichermaßen verehrten Abrahams, dessen Grab sich hier befindet, gegenseitig meucheln, darf sich der Besucher hier sicher fühlen. Das gilt auch für Bethlehem oder das im Wadi El Qelt am Felsen klebende St. Georgskloster, das sowohl mit dem Propheten Elija als auch mit dem heiligen Joachim in Verbindung gebracht wird, dem hier ein Engel die späte Nachkommenschaft verkündet haben soll.

In Jericho schließlich weiß man sich nicht nur in der vermutlich ältesten, sondern auch tiefstgelegenen Stadt der Welt. Die Archäologen haben sich bis in das 8. Jahrtausend vor Christi vorgegraben. Viel interessanter als der riesige Schutthaufen sind dagegen die Ruinen des Hisham-Palastes aus dem 8. Jahrhundert sowie jener benachbarte Berg mit Kloster, wo Jesus 40 Tage lang der Versuchung des Bösen widerstanden haben soll.

Links unten:
Markt in Betlehem – ein lautes, buntes Treiben voller Geschäftigkeit, aber auch Lebensfreude.

Unten:
Als habe ihn ein geheimnisvolles göttliches Werkzeug gegraben, schneidet sich der Ein Avdat-Canyon tief in den Negev. Drunten, in der Tiefe, gibt es Quellen und Teiche – gleichermaßen ein Labsal für Erfrischung suchende Menschen (denen das Baden allerdings verboten ist) und wilde Tiere, wie beispielsweise Gazellen.

Links:
Der Blick des Mannes geht weit über das Tote Meer gen Jordanien.

Seite 118/119:
Wie ein Vogelnest klebt das St. Georgs-Kloster an den felsenen Wänden des Wadi Qelt. Das Kloster wurde um 480 zu Ehren der Jungfrau Maria gegründet und im Jahr 614 überfallen. Von diesem Zeitpunkt an blieb es unbewohnt und 1878 bauten griechisch-orthodoxe Mönche die Gebäude wieder auf.

Rechts:
Der Hisham-Palast von Jericho stammt aus dem 8. Jahrhundert und war ein Landsitz im Umfeld landwirtschaftlicher Güter. Besonders im Winter war der Ort wegen des milden Klimas sehr geschätzt. Der Palast wurde allerdings nie ganz vollendet.

Unten:
Tel el Sultan – so der Name für die große Ausgrabungsstätte zu Jericho – ist die erste nachweisbare Stadtgründung überhaupt und damit ein Markstein in der Geschichte der menschlichen Zivilisation. Die Archäologen stießen bis in das 8. Jahrtausend v. Chr. vor.

Oben:
Knapp 30 Kilometer östlich von Jericho liegt der muslimische Wallfahrtsort Nabi Musa, was übersetzt „Prophet Moses" bedeutet. Gezeigt wird, in Konkurrenz mit anderen Plätzen, dessen leeres Ehrengrab. Außerdem die letzte Ruhestätte von Mohameds erster Frau Aisha.

Links:
Die imposante Ruine des Hisham-Palastes von Jericho mit dem herrlichen Maßwerkfenster und den Arkadenresten ist deutlich von der persischen Architektur geprägt.

Seite 122/123:
Blick auf einen Dattelhain im Jordantal. Die ehrgeizige Wiederaufforstungs- und Kultivierungspolitik der Israelis zeigt überall im Land sichtbare Erfolge.

Unten:
Ein Bild wie zu biblischen Zeiten: Eine Kamelherde zieht auf Futtersuche durch das Wadi Qelt. Auf dem kleinen Territorium Israels fällt der Kontrast zwischen Tradition und Hightech immer wieder auf.

Rechts:
In Qumran am Toten Meer wurden die ältesten Aufzeichnungen der Bibel entdeckt. Der Fundort, in den Felsen geschlagene Höhlen, sowie die freigelegten Wohn- und Wirtschaftsgebäude der frommen Bruderschaft der Essener, welche die Texte niedergeschrieben haben, lohnen der Besichtigung.

Unten:
Das Tote Meer zwischen Massada und En Gedi – das Wasser hat einen Salzgehalt von 32,6 Prozent (Mittelmeer 3,5 Prozent), was zur Folge hat, dass man immer obenauf schwimmt und nicht untergehen kann.

Kleine Bilder rechts:
Schon Aristoteles und Strabo waren sich gewiss, dass die einzigartige Naturlandschaft des Toten Meeres ohne Beispiel sei. Während es den Nabatäern zur Gewinnung von Bitumen diente, wird es heute vorrangig zu Heilzwecken genutzt – eine Kombination von Schlammbad mit den heißen Quellen bei En Gedi oder En Boqeq.

In unmittelbarer Nachbarschaft des absolut lebensfeindlichen Salzmeeres liegt ein Paradies. Es trägt den Namen En Gedi.

En Gedi verdankt seine Existenz gleich mehreren ergiebigen Quellen sowie der Entschlossenheit und den Ideen jener, die hier einen Kibbuz errichteten, der sich zunächst auf die Landwirtschaft, später dann auch auf therapeuthische Bäder und die Herstellung von Medikamenten spezialisierte.

Die berühmteste Quelle um En Gedi ist diejenige, welche den Namen Davids (großes Bild) trägt. In den zwei umliegenden Naturreservaten kann man unter anderem auch Steinböcke beobachten.

Seite 130/131:
Auf dem Luftbild werden Größe und Wehrhaftigkeit der legendären Festung Massada erst recht bewusst. Deutlich erkennt man die Rampe (rechts), die die Römer aufgeschüttet haben – die einzige Möglichkeit, um die Verteidiger doch noch in die Knie zu zwingen.

Die Zeloten und der Judäische Krieg –

MASSADA

Rechts:
Flavius Josephus (37 bis nach 100 n. Chr.) schrieb in sieben Büchern die „Geschichte des Judäischen Krieges" nieder und berücksichtigte darin auch ausführlich den Fall Massadas.

König Herodes der Große fürchtete sich sowohl vor seinen eigenen jüdischen Landsleuten als auch vor den Römern. Jedenfalls suchte und fand er einen Ort, der als uneinnehmbar galt: Ein Felsennest, 400 Meter über dem Toten Meer gelegen und bereits von den Hasmonäern und Makkabäern als Verteidigungsanlage genutzt. Doch der natürliche Schutz war Herodes nicht genug, seine Furcht muss riesig gewesen sein. Ihr erwuchs, in nur sechsjähriger Bauzeit, die Festung Massada. Die Felsen bekamen noch eine doppelte Mauerkrone, die von rund drei Dutzend Türmen gesichert wurde. Dahinter befanden sich riesige Zisternen und Getreidelager, die Vorrat verhießen bis in die Ewigkeit.

So funktionierte die römische Militärtechnik, mit Hilfe derer Massada schließlich eingenommen wurde.

Das letzte Bollwerk des jüdischen Aufstandes

Als Herodes starb (4 n. Chr.), setzten sich die Römer auf Massada fest, bis es schließlich im Jahr 66 von religiös motivierten aufständischen Juden, den Zeloten, im Handstreich genommen wurde. Diese Schmach muss die Besatzer ganz besonders geschmerzt haben. So hungerten sie die Rebellen nicht einfach aus, sondern inszenierten eine aufwendige Rückeroberung.

Jedenfalls hatte Kaiser Titus den Aufstand längst niedergeschlagen und dabei auch Jerusalems Zweiten Tempel in Schutt und Asche gelegt (70 n. Chr.), als sich 15 000 römische Soldaten unter Flavius Silva daran machten, dieses letzte jüdische Widerstandsnest einzunehmen. Doch den Felsen zu erklimmen, war unmöglich. Die Zeloten konnten mit geringem Aufwand die Festung verteidigen, Wasser und Vorräte hätten auch für eine viele Jahre lange Belagerung ausgereicht. Da kam Silva auf die Idee, daneben einen zweiten, künstlichen Berg aufrichten zu lassen. Die Solda-

Links:
Im westlichen Verteidigungsturm legten die Archäologen diese Gerberwerkstatt frei.

Links:
Im Vordergrund liegt der Nordpalast und unterhalb des Festungsplateaus sind noch die Reste eines römischen Lagers zu erkennen.

Mitte:
Blick auf die obere Terrasse des Palastes von Herodes sowie auf die Lager- und Vorratsräume.

ten, Steinbrucharbeiter auf Zeit, mussten schuften, auf dass zu Füßen des Felsens eine Rampe wuchs und wuchs, die dann eine Straße zu tragen hatte, auf der die Römer den Mauern und Toren der Festung Schritt für Schritt näher kamen. Zuletzt bedurfte es nur noch eines hölzernen Brückenschlages und gewaltiger Rammböcke, um Mauern und Tore zu bedrängen.

Es waren 960 Männer, Frauen und Kinder, die – ohne etwas dagegen tun zu können – mit ansehen mussten, wie ihre Situation immer auswegloser wurde. Auch glaubten sie zu wissen, was sie erwartete. So entschieden sie sich lieber für den Freitod.

Als die Römer eindrangen, fanden sie volle Zisternen und Speicher und im brennenden Palast die toten jüdischen Verteidiger. So „freuten sie sich nicht über den Untergang der Feinde, sondern bewunderten deren edlen Entschluss und die unerschütterliche Todesverachtung" – heißt es jedenfalls in der „Geschichte des Judäischen Krieges" von Josephus Flavius, wo die Ereignisse um den Aufstand gegen die Römer und der mit ihr verbündeten judäischen Oberschicht ausführlich festgehalten sind.

Nach den Ausgrabungen und der Restaurierung (zwischen 1963 und 1965) wurde Massada zum Symbol des israelischen Selbstbehauptungs- und Überlebenswillens. So endet denn auch der Fahneneid der Soldatinnen und Soldaten mit dem Satz „Massada darf nie wieder fallen", und die rekonstruierte Festung geriet zum nationalen Wallfahrtsort.

Unten:
Von der Judäischen Wüste aus gesehen erinnert der Hügel an einen schlafenden Vulkan (unten), doch er ist künstlicher Natur. Das Herodeion war ein monumentaler Palast von Herodes, der ihn sich später zum Mausoleum bestimmte. Doch ob er tatsächlich hier bestattet wurde, ist bis heute ungeklärt.

Rechts oben und Mitte:
Vom Herodeion aus hat man einen herrlichen Blick über die Wüste und im Palastinnern kann man die Ergebnisse der Ausgrabung besichtigen.

Rechts unten:
Auch wenn der Negev unbelebt scheint, Begegnungen mit Tieren und Pflanzen sind überall möglich.

Oben:
Be'er Sheva ist mit rund 150 000 Einwohnern, darunter viele Einwanderer aus Russland, der Hauptort des Negev. Die Übersetzung des Namens lautet „Brunnen des Schwurs“ und nimmt auf den Pakt Bezug, den Abraham und der Philisterkönig über die Nutzung des Wassers geschlossen haben.

Rechts:
Reste der Nordkirche in Shivta. Die heute noch als Ruinenlandschaft beeindruckende Nabatäerstadt in der Wüste ist mehr als zwei Jahrtausende alt und wurde erst 1935 wiederentdeckt.

Ganz rechts:
Zu den aus dem Sand gegrabenen und restaurierten Gebäuden gehört auch dieses Haus des Statthalters.

Oben:
Gleich Shivta ist auch Avdat – damals unter dem Namen Oboda – eine Gründung der Nabatäer. Ihre Blütezeit lag in der römisch-byzantinischen Epoche. Das Foto zeigt Reste des Haupttempels.

Links:
Eine weitere Nabatäerstadt im Negev, die einzige vollständig ummauerte, ist Mamshit. Sie beherrschte die Karawanenstraße zwischen Elat und Gaza und man schätzt das Alter der Stadt auf rund 3000 Jahre. Das Bild zeigt die ehemaligen Pferdeställe von Mamshit.

Rechts:
Die Zukunft im Westjordanland ist ungewiss – nachdenklich schaut der arabische Schafhirte in die Ferne.

Unten:
Auf der Fahrt durch den Negev begegnet man manchmal noch Beduinen – hier, in der Nähe der alten Gewürzstraße, wird gerade Brot gebacken.

Oben:
Palästinensische Kinder in den Ruinen des biblischen Zif in der Nähe von Hebron.

Links:
Die Idylle täuscht – auch im schier unendlichen Negev schrumpfen die Weideflächen für die Tiere der Beduinen immer mehr.

Seite 140/141:
Mit zwei mehr als bescheidenen Behausungen begann 1910 die Geschichte des Kibbuz Deganya südwestlich des Sees Genezareth – dem inzwischen rund 250 nachfolgten. In den legendären Genossenschaftsdörfern fanden die Einwanderer Schutz, Lebenserwerb, soziale, religiöse und politische Gemeinschaft. Hier entwickelten sich auch die ersten Strukturen des späteren Staates.

Seite 142/143:
Bei Mitzpe Ramon liegen die Extreme des Negev unmittelbar nebeneinander: Das riesige Kraterloch des Machtesh Ramon lockt Wanderer und Kletterer. Denn der höchste Berg der Wüste ragt unmittelbar am Kraterrand 1300 Meter in den Himmel.

Links unten:
Der Sandstein-Pilaster in Pilzform, der „Mushroom Rock", ist durch Winderosion entstanden.

Links oben und unten:
Wer dem lauten Strandleben von Elat entfliehen möchte, hat die Wüsten-Alternative fast vor der Haustür. Im Timna-Park finden sich die ältesten Kupferbergwerke der Welt sowie durch Erosion entstandene monumentale Felsen, die sogenannten „Säulen des Salomo" (unten).

Gab es früher in Elat nur einen Hafen für Öltanker und andere Frachtschiffe, so haben mit den vielen Besuchern aus Israel und anderen Ländern auch die Segelboote Einzug gehalten.

Organisierte Jeep-Touren in die bizarre Umgebung können vor Ort in Elat gebucht werden. Erfahrene „Wüstenfüchse“ sorgen als Begleiter dafür, dass diese Exkursionen zu einem echten Abenteuer werden.

Das Rote Meer gibt sich eigentlich blau. Erst die Abendsonne lässt es dann in einem roten Widerschein erglühen.

Elat hat auf engem Raum viel zu bieten, besonders wenn es um den Wassersport geht, und am beliebtesten ist das Erlebnis der bizarren Unterwasserwelt.

Links:
An Betlehems Manger Square steht nicht nur die Geburtskirche, sondern auch diese Moschee. 1967 von den Israelis erobert, wurde die Stadt Ende 1995 an die Palästinenser zurückgegeben.

Linke Seite:
Jesu Geburtskirche zu Betlehem geht auf eine Basilika aus dem Jahre 339 zurück. Nach einem Brand im 6. Jahrhundert und später durch die Kreuzritter wurde das Gotteshaus so umgebaut, wie es sich uns heute darbietet. Unter der Kirche sind verschiedene Grotten, aber nur eine einzige, die in west-östlicher Richtung verläuft. Seit 1717 markiert hier ein silberner Stern jene Stelle, wo Jesus zur Welt gekommen sein soll.

Unten und rechts:
In Hebron ist vor allem jene heilige Stätte sehenswert, die als „Höhle von Machpela" sowohl von Muslimen und Juden als auch von Christen verehrt wird. Sie birgt die Gräber Abrahams, Isaaks und Jakobs sowie die ihrer Frauen Sara, Rebekka und Lea. Über diesen wölbt sich eine Moschee, die teils auch als Synagoge genutzt wird. Draußen wachen Soldaten darüber, dass sich die Gläubigen nicht gegenseitig in die Quere kommen.

Rechts unten:
Ein paar Kilometer östlich von Betlehem, mitten in der Judäischen Wüste, findet sich das halb zerfallene Mar Saba-Kloster, das auf einen gelehrten Einsiedlermönch des 5. Jahrhunderts zurückgeht.

Markt, Warten auf Kundschaft, Zerstreuung – Szenen aus den Palästinensergebieten. Doch die Bilder täuschen. Auch wenn alles so friedlich anmutet, sind Verbitterung und Hass groß und damit auch Feind jeden Ausgleichs mit den Israelis. Das betrifft sowohl die Situation in Betlehem (links unten), aber vor allem auch die im überfüllten Gaza (links oben) sowie im mit tödlichen Emotionen aufgeladenen Hebron (unten und links Mitte).

REGISTER

Mittelmeer
LIBANON
SYRIEN
JORDANIEN
ÄGYPTEN
ISRAEL
Westbank
Golanhöhen
Gaza-Streifen
Sinai
Negev
Soûr
Jouaïya
Banyas
Qal'at Nimrud
Qiryat Shmona
Gonen
Hule-Naturschutzgebiet
Montfort
Har Meron 1.208 m
Nahariyya
Kibbuz Lohame HaGeta'ot
Safed
Rosh Pinna
Qazrin
Akko
Kiryat Bialik
Sakhnin
Tabgha
Gamla
See Genezareth
Haifa
Tirat Karmel
Karmel N.P.
Tiberias
En Gev
Beit Oren
Hamat
Nazareth
Atlit
Isfiya
Deganya
Sha'ar HaGolan
En Hod
Migdal
Tabor
Dor
Tell Megiddo
Megiddo
Afula
Belvoir
Dar'a
Bet Alta
Tell Bet She'an
Irbid
Umm el Fahm
Bet She'an
Jenin
Hadera
Arraba
Netanya
Tulkarm
Tubás
Mafraq
Jarash
Rishpon
Herzliyya
Qalqiliya
Nablus
Jordan
Mas-ha
Massua
El Ghor
Tel Aviv-Yafo
Petah Tiqwa
Zarqa
Holon
Es Salt
Rishon Le Ziyyon
Ramla
Ramallah
Amman
Rehovot
Qubeiba
St.-Georg-Kloster
Jericho
Abu Gosh
Deir Hajla
Ashdod
Nahal Soreq
Jerusalem
Kiryat Malakhi
Bet Shemesh
Qumran
Bethlehem
Mar Saba
Madaba
Ashqelon
Herodion
Kiryat Gat
Totes Meer
Sederot
Lakhish
Gaza
Ahuzzam
Hebron
Dhiban
Deir el Balah
En Gedi
Netivot
Edh Dhahiriya
Khan Yunis
Ofaqim
Masada
Rafah
Nahal Besor
Tell Arad
Arad
Be'er Sheva
El-Arish
Karak
Newe Zohar
Dimona
Mazar
Telalim
Yeroham
Ashalim
Nizzana
Shivta
Sede Boqer
Tafila
Avdat
Wadi el Jeib
Mizpe Ramon
Shaubak
Har Harif 1.001 m
Har Saggi 1.006 m
Be'er Menuha
Shizzafon
El-Kuntilla
Yotvata
Samar
Timna
El-Thamad
Elat
Aqaba
Golf von Aqaba

IMPRESSUM

Buchgestaltung
SILBERWALD
Agentur für visuelle Kommunikation, Rimpar
www.silberwald.biz

Karte
Fischer Kartografie, Aichach

Printed in Italy
Repro: Artilitho snc, Lavis-Trento, Italien
www.artilitho.com
Druck/Verarbeitung: Grafiche Stella srl, Verona, Italien
www.grafichestella.it

ISBN 978-3-8003-4418-5

Danksagungen

Meine Begegnung mit Israel verdanke ich vor allem Reuven Bar-Lev sowie Inge Schoppel, die ein für die Erfüllung individuellster Wünsche bekanntes Reisebüro leitet. Nachdem dieses schon im ARD Ratgeber „Reisen" empfohlen wurde, möchte ich es an dieser Stelle noch einmal allen Israel-Interessierten ans Herz legen.

KIB-REISEN
Gartenstraße 19, 96163 Gundelsheim/Bamberg
Telefon 09 51/4 43 59, Telefax 09 51/4 30 74
www.kib-Reisen.de

Ernst-Otto Luthardt

Die Fotografen sprechen folgenden Personen und Institutionen, ohne deren Unterstützung ihre Arbeit nicht möglich gewesen wäre, ihren herzlichen Dank aus:
- The Israel Nature and National Parks Protection Authority
- Palästinensisches Ministerium für Tourismus und Antiquitäten
- Das Christian Information Centre und die Franziskaner-Patres
- Das Griechisch-Orthdoxe Patriarchat von Jerusalem
- Das Armenisch-Orthodoxe Patriarchat von Jerusalem
- The Israel Youth Hostels Association, Tel +972-2-6558400
- Waqf, Islamische Verwaltung des Heiligen Bezirks Al-Haram esh-Sharif von Jerusalem
- Jerusalem Wings Aviation and Tourism Services Ltd./ Rundflüge
- Sefi Hanegbi, Camel Riders Sharut, Israel
- Tower of David – Museum of the History of Jerusalem während der Glaskunstausstellung "Chihuly in the light of Jerusalem 2000"
- Yad Vashem Gedenkstätte
- Holyland Hotel – Modell Jerusalems zur Zeit des Zweiten Tempels
- Ariel Center for Jerusalem in the First Temple Period

Sandu Mendrea, Dinu Mendrea, Radu Mendrea

Bildnachweis

Dinu Mendrea
S. 5, S. 6/7, S. 8/9, S. 14/15, S. 16/17, S. 18, S. 19 unten, S. 20, S. 21 oben rechts, S. 22 oben, S. 23 oben, S. 23 unten, S. 24, S. 25 oben, S. 25 unten rechts, S. 32, S. 33 unten, S. 34/35, S. 36, S. 37 rechts, S. 38/39 (3 Abb.), S. 44/45 Mitte, S. 45 rechts oben, S. 46 oben, S. 46 unten, S. 48/49 (4 Abb.), S. 50/51 (4 Abb.), S. 53 (3 Abb.), S. 54 oben, S. 54 unten, S. 56/57 (4 Abb.), S. 58/59, S. 61 (4 Abb.), S. 62/63, S. 64 unten, S. 65, S. 66/67 (4 Abb.), S. 68/69 (4 Abb.), S. 71 rechts oben, S. 71 rechts Mitte, S. 72/73, S. 74, S. 75 oben links, S. 77 oben, S. 77 unten, S. 79 rechts oben, S. 79 rechts unten, S. 80/81 (3 Abb.), S. 82/83 (5 Abb.), S. 85 rechts oben, S. 85 links unten, S. 86 links, S. 86 rechts oben, S. 88 oben links, S. 89 oben, S. 89 unten, S. 90/91, S. 92/93 (3 Abb.), S. 94 unten, S. 95, S. 96/97, S. 98/99 (5 Abb.), S. 104 links, S. 109 rechts oben, S. 109 rechts unten, S. 110/111 (4 Abb.), S. 112 oben, S. 113, S. 114/115, S. 116, S. 117 oben links, S. 117 unten, S. 120 oben, S. 120 unten, S. 121 oben, S. 124, S. 126/127 (4 Abb.), S. 128 oben, S. 130/131, S. 132/133 Mitte, S. 133 oben, S. 134, S. 135 unten, S. 136 unten links, 136 unten rechts, S. 137 oben, S. 137 unten, S. 138 oben, S. 138 unten, S. 139 oben, S. 140 oben, S. 142/143, S. 144 unten, S. 145, S. 146 oben, S. 146 unten, S. 147 unten, S. 148 unten, S. 149, S. 151 oben, S. 152/153 (4 Abb.).

Radu Mendrea
S. 33 oben, S. 45 rechts unten, S. 78, S. 79 rechts Mitte, S. 84 links, S. 85 rechts unten, S. 87 oben, S. 94 oben, S. 112 unten, S. 117 oben rechts, S. 121 unten, S. 125, S. 128 unten, S. 129 oben, S. 129 rechts, S. 135 rechts oben, S. 135 rechts Mitte, S. 136 oben, S. 140 unten, S. 141 oben, S. 141 rechts, S. 147 oben, S. 151 unten.

Sandu Mendrea
Schutzumschlag vorne, S. 12/13, S. 19 oben links, S. 21 oben links, S. 21 unten, S. 22 unten, S. 25 unten links, S. 26/27, S. 28/29, S. 30/31, S. 40/41, S. 42/43 (5 Abb.), S. 45 links unten, S. 47, S. 52, S. 55, S. 60, S. 64 oben, S. 70, S. 71 rechts unten, S. 75 oben rechts, S. 75 unten, S. 76, S. 84/85 Mitte, S. 84 rechts, S. 85 rechts Mitte, S. 87 unten, S. 88 oben rechts, S. 88 unten, S. 102/103, S. 104 oben, S. 105, S. 106/107, S. 108, S. 118/119, S. 122/123, S. S. 133 unten rechts, S. 139 unten, S. 144 oben, S. 156, Schutzumschlag hinten.

Elisabeth Gilbert
S. 19 rechts, S. 148 oben, S. 150.